Cahier des charges communes du 15 juin 1926

POUR LA

FOURNITURE DES FOURRAGES

A LA RATION

A L'INTÉRIEUR, EN CORSE, EN ALGÉRIE ET EN TUNISIE

CHARLES-LAVAUZELLE & CIE

Éditeurs militaires

PARIS, Boulevard Saint-Germain, 124

LIMOGES, 62, Avenue Baudin | 53, Rue Stanislas, NANCY

1927

Direction de l'Intendance militaire; 2ᵉ Bureau.

Cahier des charges communes pour la fourniture des fourrages à la ration à l'intérieur, en Corse, en Algérie et en Tunisie.

Documents abrogés : *Cahier des charges communes du 17 août 1920.*

Paris, le 15 juin 1926.

CHAPITRE PREMIER.

OBJET DE LA FOURNITURE ET REPRISE DU SERVICE.

Documents régissant l'entreprise.

Art. 1ᵉʳ. La fourniture est exécutée dans les conditions spécifiées par les documents ci-après :

1° Le cahier des clauses et conditions générales applicables aux marchés de fournitures du Département de la guerre, du 1ᵉʳ août 1921;

2° L'instruction relative aux marchés du Département de la guerre, du 21 novembre 1921;

3° Le présent cahier des charges communes;

4° Un cahier des charges spéciales. Ce document fait connaître les conditions qui sont particulières à chaque marché.

Mode d'exécution du service.

Art. 2. La fourniture est assurée par place de garnison à l'intérieur (1) et par arrondissement de fournitures en Corse, en Algérie et en Tunisie.

____

(1) Exceptionnellement, les départements des Basses-Alpes et des Alpes-Maritimes forment un arrondissement unique de fourniture.

A l'intérieur, les places de fourniture sont divisées en deux catégories, savoir :

1° Places ayant un effectif supérieur à 70 chevaux : catégorie A;

2° Places ayant un effectif égal ou inférieur à 70 chevaux : catégorie B.

Mode de passation et durée des marchés.

Art. 3. Les marchés sont passés par adjudication restreinte pour les entreprises de la catégorie A et par adjudicaton simple pour les entreprises de la catégorie B. Dans les deux cas, leur durée est fixée à un an.

Objet de la fourniture.

Art. 4. Le service consiste :

1° A entretenir et à renouveler un stock de denrées, alloties séparément, dont l'importance doit toujours correspondre au chiffre fixé par l'administration et qui est dans le présent cahier des charges désigné sous le nom d'*approvisionnement;*

2° A assurer la série des opérations du service courant ci-après énumérées :

a) Fournir, manutentionner, transformer s'il y a lieu, et distribuer tout ou partie des denrées fourragères nécessaires à l'alimentation des chevaux et mulets de toutes les formations et de toutes les parties prenantes désignées par le sous-intendant militaire ou son suppléant, y compris les troupes de passage dans la place, sous réserve que la fourniture maximum prévue au cahier des charges spéciales ne soit pas dépassée;

b) Fournir la paille de bottillons et de bat-flanc si l'administration en fait la demande;

c) Fournir, à titre remboursable, lorsque le cahier des charges spéciales l'indique, la paille de couchage ou autres matières en tenant lieu aux troupes de la garnison ou de passage dans la place (1).

d) Fournir, à titre remboursable, dans les conditions fixées à l'annexe 4, les fourrages nécessaires aux chevaux que les officiers sont autorisés à posséder en sus du complet réglementaire

---

(1) Cette fourniture sera remboursée directement à l'entrepreneur par les parties prenantes, dans les conditions spécifiées à l'annexe n° 4.

et à ceux que peuvent conserver les officiers généraux et assimilés du cadre de réserve ou retraités;

e) Prendre en charge, entretenir et, s'il y a lieu, transformer pour être ensuite soit distribuées, soit réexpédiées sur d'autres places, les denrées que l'administration militaire juge à propos de faire verser à l'entrepreneur comme il est dit à l'article 7.

Les transformations visées aux paragraphes *a)* et *b)* comprendront des opérations telles que le concassage des grains de substitution et des tourteaux, le pressage de la paille et du foin, etc.

Le cahier des charges spéciales indiquera si les opérations de concassage seront faites par les corps de troupe ou par les soins et aux frais de l'entrepreneur. Il indiquera, en outre, les quantités approximatives de foin et de paille à presser par les soins et aux frais de l'entrepreneur.

Dispositions spéciales à l'Algérie et à la Tunisie.

Les obligations de l'entrepreneur ne s'étendent pas aux fournitures à faire aux armées qui seraient créées ou envoyées dans son arrondissement de fourniture, non plus qu'aux troupes dans les camps et rassemblements et à celles qui participent à des manœuvres (1), mais il est tenu d'assurer le service pendant la période de concentration et de dislocation des manœuvres.

Les obligations de l'entrepreneur ne s'appliquent pas non plus aux garnisons qui seraient créées postérieurement à la passation du marché (2).

---

(1) On doit entendre ici par manœuvres celles qui ont lieu habituellement en automne et auxquelles prennent part simultanément les troupes d'une brigade, d'une division, etc. Sont par suite en dehors de l'exception prévue, les fournitures à faire dans les gîtes d'étapes aux troupes effectuant des manœuvres de garnison, des manœuvres avec cadres, des marches-manœuvrees, ou exécutant des écoles à feu ou des tirs de combat sur des champs de tir, dont l'emplacement aura pu être indiqué au cahier des charges spéciales.

(2) Ne sont pas considérées comme garnison de nouvelle création, les stations de monte organisées chaque année, les détachements mis à la disposition des missions géographiques, topographiques, géodésiques, etc., non plus que les détachements, installés en été dans quelques centres pour la surveillance des forêts ou des troupeaux en transhumance, ainsi que les détachements qui pourraient être envoyés dans les postes optiques pour y exécuter des exercices.

Importance de la fourniture.

Art. 5. Le cahier des charges spéciales indique :

1° L'effectif de base ainsi que les quantités de chacune des denrées que l'entrepreneur doit normalement fournir chaque jour;

2° La quantité minimum de chacune des denrées fourragères (denrées de distribution ordinaire et denrées de substitution) dont la fourniture est prévue pendant la durée du marché;

3° La quantité maximum de chacune desdites denrées que l'entrepreneur pourra être astreint à fournir pendant la durée du marché.

Toutefois, pour les denrées de substitution dont la distribution ne se fait pas d'une manière régulière, il n'est pas fixé de quantités normales journalières.

Si la quantité minimum annuelle indiquée pour chaque denrée n'est pas atteinte, l'administration militaire pourra exiger de l'entrepreneur la fourniture sur place, pour constituer une réserve dont elle disposera à son gré, de la quantité nécessaire pour parfaire ce minimum, sous réserve que la quantité moyenne journalière qui serait ainsi à livrer jusqu'à la fin du marché ne dépasse pas la quantité normale de la fourniture journalière prévue au cahier des charges spéciales.

Si l'administration militaire n'use pas de la faculté ci-dessus indiquée, il est alloué à l'entrepreneur une indemnité égale au 1/10e de la valeur de la différence entre les quantités réellement livrées et les minima prévus au cahier des charges spéciales.

Au delà de la fourniture maximum, l'administration reste libre d'assurer le service comme elle l'entend. Elle peut d'ailleurs continuer à en charger l'entrepreneur, s'il y consent, aux prix et conditions de son contrat. De son côté, l'entrepreneur, s'il entend cesser son service, une fois les quantités maxima fournies, doit signifier à l'administration son intention au moins un mois à l'avance.

Toutes les quantités fournies antérieurement à la date fixée, pour la cessation du service, par ladite signification, seront payées au prix du marché.

L'effectif de base indiqué au cahier des charges spéciales et la quantité normale de la fourniture journalière n'ont que la valeur de renseignements approximatifs et n'engagent pas l'administration.

Dispositions spéciales à l'Algérie et à la Tunisie.

Le service se distingue en *service permanent* et en *service éventuel*.

Sont compris dans le *service permanent* : les fournitures à faire aux places de garnison, aux brigades de gendarmerie, dans les camps d'instruction (écoles à feu, évolutions de cavalerie, etc.) desservis par voies ferrées et occupés par des effectifs importants.

Sont compris dans le *service éventuel* : les fournitures à faire aux troupes de passage en dehors d'une place de garnison, dans les stations de monte, aux détachements mis à la disposition des missions géographiques, des brigades topographiques ou géodésiques, aux détachements de surveillance des forêts ou des troupeaux en transhumance ainsi qu'aux détachements qui pourraient être envoyés dans les postes optiques pour y exécuter des exercices.

Approvisionnement de denrées fourragères à entretenir
par l'entrepreneur. (Art. 4, 1°.)

Art. 6. L'approvisionnement (indiqué au cahier des charges spéciales, § 3), dont l'entretien est imposé à l'entrepreneur, est constitué soit par l'Etat, soit par l'entrepreneur.

Cet approvisionnement comprend :

a) Les quantités (indiquées au cahier des charges spéciales, § 3) de denrées fourragères, appartenant à l'Etat, et reçues de l'administration ou reprises à l'entrepreneur sortant par l'entrepreneur entrant;

b) S'il y a lieu, les quantités (indiquées au cahier des charges spéciales, § 3) de denrées fourragères que l'entrepreneur est tenu de constituer dans le mois qui suit le commencement de son marché.

La partie *a* de l'approvisionnement, qui est remise gratuitement à l'entrepreneur, reste la propriété du Département de 'a guerre; mais le nouvel entrepreneur doit, sous sa responsabilité, en vérifier la qualité ainsi que la quantité et en assurer la conservation. Il devra la remplacer en temps opportun et au plus tard avant l'expiration des délais de conservation (1). Les quantités ainsi remplacées par l'entrepreneur seront mises en dis-

____

(1) Voir renvoi (1) de la page 6.

tribution. Les déchets de conservation de cet approvisionnement sont à la charge de l'entrepreneur.

La partie *b* de l'approvisionnement demeure la propriété de l'entrepreneur qui la tient à la disposition de l'administration pour le cas prévu à l'article 28. L'entrepreneur doit, comme pour la partie *a*, la renouveler par le jeu des distributions, en temps opportun, et au plus tard avant l'expiration des délais de conservation (1).

A l'expiration normale du marché, l'entrepreneur sortant laisse en magasin et remet à son successeur cet approvisionnement qui s'ajoute à la partie *a* pour la nouvelle entreprise.

Après prise en charge par l'entrepreneur entrant, ledit approvisionnement est payé, à l'entrepreneur sortant, par l'administration, aux prix fixés à l'article 25.

Si, au cours du marché, l'approvisionnement à entretenir (partie *a* ou partie *b*), vient à être détruit, l'entrepreneur le reconstitue à ses frais dans le délai d'un mois, sauf son recours contre les compagnies auxquelles il a dû s'assurer.

L'administration demeure libre de modifier au cours du marché, aussi souvent qu'elle le désire, l'importance de l'approvisionnement à entretenir (parties *a* et *b*), mais seulement dans la proportion du quart en plus ou en moins des chiffres indiqués au cahier des charges spéciales.

Si les modifications affectent la partie *a* de l'approvisionnement, l'administration militaire constitue, en cas d'augmenta-

---

(1) Durée maxima de conservation des denrées fourragères :

		Intérieur et Corse.	Algérie et Tunisie.
		A dater du	A dater du
Foin naturel en vrac, en bottes ou en rames........	24 mois	1er août.	1er juill.
Foin naturel pressé..................	28 mois	id.	id.
Luzerne ....,........	9 mois	id.	id.
Sainfoin..,.........................	8 mois	id.	id.
Paille en vrac, en bottes ou en rames...	24 mois	1er oct.	1er sept.
Paille pressée.........................	28 mois	id.	id.
Avoine ou orge........................	24 mois	31 déc.	id.
Maïs..................................	10 mois	id.	id.

Les denrées ayant atteint les anciennetés indiquées ci-dessus ne sauraient être maintenues en magasin à moins d'autorisation spéciale du Ministre.

Les directeurs de l'intendance pourront, exceptionnellement, porter à 31 mois la durée maxima de conservation du foin et de la paille pressés.

tion, les quantités complémentaires et dispose, dans le cas de diminution, de l'excédent disponible.

Si les modifications affectent la partie *b* de l'approvisionnement, l'entrepreneur constitue, en cas d'augmentation, les quantités complémentaires et emploie, en cas de diminution, l'excédent disponible aux distributions.

Versements de denrées de distribution effectués par l'Administration.
(Art. 4, *e*.)

Art. 7. L'entrepreneur est tenu de recevoir au cours du marché, huit jours francs après la notification qui lui en a été adressée, les denrées que l'administration juge à propos de faire verser dans ses magasins pour être, selon le cas, soit distribuées, soit réexpédiées sur d'autres points.

Ces denrées comprennent :

1° Les denrées de base : foin, pailles diverses, avoine.

2° Les denrées de substitution autorisées.

Si l'entrepreneur soulève des difficultés quant à la qualité des denrées qui lui sont remises par l'administration militaire, il est procédé à leur examen comme il est dit à l'article 11.

L'entrepreneur est tenu de recevoir des fournisseurs de l'administration militaire les denrées achetées par adjudication, par marché de gré à gré ou par achats directs lorsqu'il est stipulé, par les contrats ou conventions verbales relatifs à ces achats, que la livraison aura lieu dans les magasins à fourrages de la place d'entreprise.

Les livraisons sont effectuées par les fournisseurs au rez-de-chaussée des magasins; l'entrepreneur en vérifie le poids, sous sa responsabilité, donne au livrancier récépissé de la quantité reconnue et emmagasine, séparément, chaque lot comme denrées appartenant à l'État, suivant les instructions du sous-intendant militaire.

La réception en qualité est effectuée, sans intervention de l'entrepreneur, dans les conditions prévues par les contrats qui régissent ces fournitures.

Lorsque notification de cette réception a été faite à l'entrepreneur, les denrées sont allotées ou mises en distribution conformément aux instructions adressées à l'entrepreneur par le sous-intendant militaire ou son suppléant.

Le taux des déchets de criblage est déterminé contradictoirement entre l'entrepreneur (ou son représentant) et le sous-intendant militaire ou son suppléant.

L'opération est constatée dans un procès-verbal rapporté par le sous-intendant militaire ou par son suppléant.

Dans le cas où l'avoine et les succédanés de cette céréale sont livrés dans des sacs appartenant aux fournisseurs ou loués par eux, l'entrepreneur doit :

1° Sous peine, en cas de retard, d'une pénalité égale aux frais de location, restituer les récipients dans les trente jours de la réception définitive des denrées;

2° En cas de perte ou d'avarie, rembourser, aux lieu et place de l'administration, la valeur des sacs non représentés et le montant des frais de réparation des sacs détériorés dont l'entrepreneur n'aurait pas fait constater le mauvais état au moment de la livraison.

Conditions spéciales.

Art. 8. Les denrées fournies par l'Etat sont livrées au rez-de-chaussée des bâtiments dans lesquels sont situés les magasins de l'entrepreneur. Dans le cas où elles parviennent à l'entrepreneur par l'intermédiaire du service des transports généraux de la guerre, leur remise par le transporteur a lieu dans les conditions du traité avec les compagnies de chemins de fer, pour l'exécution des transports du matériel de la guerre, c'est-à-dire livraison au destinataire au rez-de-chaussée et à la porte des magasins, le déchargement étant opéré par les soins du destinataire avec le concours du voiturier.

Lorsque le camionnage sera effectué soit par les moyens militaires, soit en vertu de convocations ou marchés passés par l'administration avec un camionneur civil, les denrées et le matériel seront pris en charge en gare, sur wagon ou à quai, par l'entrepreneur auquel il appartiendra d'accomplir toutes les formalités requises pour l'enlèvement des marchandises dans les délais impartis. La livraison aura lieu également au rez-de-chaussée. Il devra, en cas de contestation, informer aussitôt le sous-intendant militaire ou son suppléant chargé de rapporter le procès-verbal de constat. De même, en cas d'expédition, l'entrepreneur devra remplir, auprès de la gare, toutes les formalités prévues.

Le cahier des charges spéciales indique, pour chaque place, si l'entrepreneur est tenu de procéder au chargement et au déchargement des voitures.

L'entrepreneur est tenu de se conformer aux instructions que lui donne le sous-intendant militaire pour l'aménagement en magasins et le lotissement des denrées y existant, notamment en ce qui concerne l'apposition près de chaque lot de denrée d'une étiquette mentionnant le poids, l'année de récolte et l'origine.

Locaux et mobiliers.

Art. 9. Le cahier des charges spéciales fait connaître à laquelle des catégories suivantes appartiennent les locaux dans lesquels doit s'exécuter le service :

1re catégorie : locaux appartenant à l'Etat ou loués pour son compte et mis à la disposition de l'entrepreneur pour l'exécution du service ;

2e catégorie : locaux fournis par l'entrepreneur.

Il indique pour les locaux de la 1re catégorie si le service doit obligatoirement être effectué dans ces locaux ou si l'entrepreneur a la faculté d'assurer le service à l'aide de locaux fournis par lui.

Il indique également le matériel appartenant à l'Etat dont l'entrepreneur devra prendre charge.

Les conditions de prise de possession, de jouissance, et de remise des locaux et du matériel sont déterminées à l'annexe n° 2 du présent cahier des charges.

Les locaux de la 1re catégorie visée ci-dessus mis à la disposition de l'entrepreneur pour l'exécution du service devront être évacués à l'expiration du marché sous peine, en cas de retard, des pénalités prévues à l'article 15, dans les délais suivants :

a) Locaux à usage de logement pour l'entrepreneur ou son préposé : le lendemain de l'expiration du marché ;

b) Locaux pour l'emmagasinement des denrées : dans les quinze jours qui suivent l'expiration du marché.

L'entrepreneur est tenu de prendre en charge et d'entretenir à ses frais le mobilier ou le matériel qui lui seraient confiés au début ou dans le cours de son marché ; il réexpédie ce matériel s'il en reçoit l'ordre, les frais d'expédition et d'emballage incombant à l'Etat.

A défaut de ressources en locaux et en mobilier appartenant à l'Etat ou loués pour son compte, comme il est dit ci-dessus, l'entrepreneur pourvoit à ses frais, et sous sa responsabilité, à la fourniture de celles de ces ressources qui lui sont nécessaires à l'exécution du service et au logement des divers approvisionnements qu'il doit entretenir, sous peine, pour les locaux, des dispositions de l'article 16.

Les locaux ainsi affectés au service doivent être agréés par l'administration qui y exerce un droit de police et de surveillance sur tous les mouvements des denrées. Un contrat d'affectation conforme au modèle indiqué (annexe n° 3) est passé pour garantir à l'administration l'exercice du droit dont il s'agit.

L'entrepreneur est tenu de veiller à la propreté et à l'assainissement des locaux.

Il a l'obligation d'assurer à l'administration militaire l'usage gratuit de ces mêmes locaux, pendant le mois qui suit le terme d'expiration ou la résiliation du marché, avec faculté, pour l'administration, de déléguer ce droit de jouissance à l'entrepreneur entrant.

Le cahier des charges spéciales indique le petit matériel d'exploitation à constituer et à entretenir par l'entrepreneur. Il comprendra en particulier le matériel nécessaire pour prévenir et combattre l'incendie, et, pour les places importantes, une sonde à grains.

Le personnel de l'entrepreneur sera exercé, au moins une fois par mois, à la manœuvre des appareils de secours contre l'incendie, dans les conditions prévues aux consignes arrêtées par le sous-intendant militaire et placardées dans les magasins.

CHAPITRE II.

EXÉCUTION DU SERVICE.

Entrées en magasins et sorties.

Art. 10. Les entrées dans les magasins du service proviennent :

1° Des achats ou des récoltes de l'entrepreneur;

2° Des versements de denrées faits par l'administration à l'entrepreneur.

Le sous-intendant militaire se fait présenter, s'il le juge utile, les lettres de voiture et autres pièces d'expédition afin de se renseigner sur la provenance des denrées.

Les sorties ordinaires du magasin ont pour objet les distributions ainsi que les expéditions sur une autre place.

L'entrepreneur est tenu de préparer ces expéditions (mise en sacs, pesage, etc.) et d'en assurer la remise aux préposés des transports.

La sortie des denrées dont le renouvellement est reconnu nécessaire ne doit être effectuée que sur l'ordre ou l'autorisation du sous-intendant militaire; la demande doit en être faite en temps voulu par l'entrepreneur.

La même règle s'applique aux sorties de graines de foin et de résidus provenant de la manutention des denrées.

Reconnaissance de la qualité des denrées.

Art. 11. Les denrées doivent réunir les conditions déterminées à l'annexe n° 1.

Les délégués du Ministre, le commandant d'armes, les fonctionnaires de l'intendance (ou leurs suppléants), les directeurs du service vétérinaire et les officiers d'administration des subsistances délégués par le sous-intendant militaire ou son suppléant ont libre accès, de jour et de nuit, dans les magasins de l'entrepreneur pour visiter les denrées.

Les chefs de corps (ou de détachement) ou les officiers désignés par eux ont accès dans lesdits magasins pour reconnaître l'emplacement des approvisionnements de mobilisation.

Les fonctionnaires de l'intendance (ou leurs suppléants) chargés spécialement de la surveillance ou de la direction du service, s'assurent constamment que les denrées de l'approvisionnement réunissent toutes les qualités exigées et qu'elles reçoivent tous les soins nécessaires à leur bonne conservation.

S'il s'élève à ce sujet des contestations entre l'entrepreneur et l'administration, le sous-intendant militaire fait placer provisoirement sous scellés, en présence de l'entrepreneur (ou de son représentant), les denrées en litige et en prélève deux échantillons ainsi qu'il est dit à l'annexe n° 8. L'un est expédié immédiatement, par les soins du sous-intendant ou de son suppléant, au fonctionnaire de l'intendance chargé du service des subsistances militaires dans la place désignée à cet effet dans le cahier des charges spéciales.

Ce fonctionnaire soumet l'échantillon à l'examen d'une commission d'appel.

Les décisions de la commission d'appel sont exécutoires s'il n'a pas été formulé. par les parties intéressées, de recours au Ministre dans un délai de quarante-huit heures à partir du moment où ces décisions leur ont été notifiées.

En cas de recours contre les conclusions de la commission d'appel, le procès-verbal, revêtu de l'avis du sous-intendant militaire de la place où s'est produit le litige et du directeur de l'intendance de la région est transmis au Ministre : en même temps, il est fait envoi du second échantillon à l'inspection générale des subsistances, 6, boulevard des Invalides, Paris (VIIe), dans les conditions indiquées à l'annexe n° 8.

Les denrées jugées defectueuses doivent être retirées des locaux affectés au service dans un délai fixé par le sous-intendant militaire. Ce délai ne doit jamais être supérieur à dix jours.

L'entrepreneur est tenu, lorsque l'ordre lui en est donné, de fournir des échantillons des denrées existant dans ses approvisionnements dans les conditions qui lui sont fixées.

Les dispositions de l'annexe n° 8 sont applicables à ces prélèvements.

Distributions.

Art. 12. L'entrepreneur est informé, en temps utile, par le sous-intendant militaire ou son suppléant, de l'effectif des chevaux à nourrir dans chaque localité.

Les distributions ont lieu aux jours et heures fixées par l'autorité militaire. Elles sont faites d'après l'ordre d'ancienneté des denrées à moins que le sous-intendant militaire n'en ait décidé autrement.

Aucune distribution ne peut ni commencer, ni se poursuivre en l'absence de l'officier de distribution à moins d'une autorisation écrite du chef de corps.

L'état des denrées est reconnu contradictoirement par le corps et l'entrepreneur. A la mobilisation, les contestations, le cas échéant, seront tranchées sur-le-champ et sans appel par le sous-intendant militaire.

Aucune substitution à l'amiable ne peut être faite.

Les denrées sont distribuées au poids, en sacs réglés à un poids uniforme pour les grains, la farine d'orge, les sons, etc., et indistinctement en balles pressées, en bottes ou en vrac pour le foin et la paille alimentaire, à moins de dispositions contraires du C. C. S.

En principe, et sauf dispositions contraires du cahier des charges spéciales, les livraisons sont faites au rez-de-chaussée des magasins de l'entrepreneur.

Dans tous les cas, que la livraison ait lieu au magasin ou non, les denrées doivent toujours être examinées et reçues avant leur sortie des magasins.

Chaque entreprise doit être pourvue d'au moins une balance à fléau et à bras égaux, et il est toujours préférable, quand cela est possible, d'effectuer les pesées avec cet instrument.

L'emploi des bascules avec ou sans poids additionnels est toutefois autorisé.

L'emploi des ponts-bascules n'est autorisé que pour le pesage du foin et de la paille (1) chargés sur voiture.

La constatation du poids de l'avoine à l'hectolitre est effectuée avec une trémie conique.

L'entrepreneur est tenu de reprendre, dans les magasins des corps, les denrées en bon état reçues par eux et qui, se trouvant sans emploi au moment d'une mobilisation ou d'un départ définitif, ne pourraient être distribuées à des parties prenantes stationnées dans la place.

Une indemnité de 5 p. 100, calculée sur la valeur des denrées au prix du marché, est allouée dans ce cas à l'entrepreneur. ·

Denrées présentées en distribution.

Art. 13. Les denrées présentées en distribution sont soumises à une visite préalable de la part des parties prenantes.

S'il s'élève des difficultés pour la réception des denrées présentées en distribution, le différend est soumis à une commission de garnison, dont la composition et le fonctionnement font l'objet de l'instruction du 14 septembre 1910 (annexe n° 9).

La décision de la commission prononçant l'acceptation ou le refus des denrées est immédiatement exécutoire.

En cas d'urgence, cependant, et s'il y a impossibilité à remplacer la denrée, le président de la commission peut, malgré le refus, ordonner qu'il soit donné suite à la distribution.

Dans le cas où, aux termes de l'instruction du 14 septembre

---

(1) L'entrepreneur est tenu d'afficher :

1° Dans chacun des locaux où s'effectuent des pesées de denrées destinées à la troupe un placard indiquant la lettre de vérification annuelle des poids et mesures (cette lettre aura au moins 18 centimètres de hauteur);

2° Dans les magasins pourvus d'un pont-bascule, près de l'appareil, d'une manière très apparente et de telle sorte qu'elle puisse être très facilement consultée par les parties prenantes, une copie de l'Instruction pour la vérification rapide de ces appareils de pesage. (*Bulletin officiel*, E. M., vol. n° 85, page 97.) Cette copie sera remise à l'entrepreneur par le sous-intendant militaire ou son suppléant.

1910, la décision appartient au général commandant la région, il est procédé comme suit :

S'il décide l'acceptation, les denrées sont, s'il est possible, remises en distribution dans le moindre délai.

S'il prononce le rejet, une expédition du procès-verbal est transmise au Ministre de la guerre.

Dans tous les cas, l'entrepreneur peut exercer son droit de recours au Ministre dans le délai de quarante-huit heures à partir de la notification qui lui est faite de cette décision. A cet effet, il est autorisé à faire prélever en sa présence par la commission des échantillons des denrées en litige qui sont adressés à l'inspection générale des subsistances à Paris dans les conditions indiquées par l'instruction commune à tous les prélèvements d'échantillons (annexe n° 8).

Responsabilité de l'entrepreneur.
Destination à donner aux denrées défectueuses.

Art. 14. Les denrées d'approvisionnement ou de distribution qui ne satisfont pas complètement, dans les différents cas prévus ci-dessus, aux conditions de qualité stipulées à l'annexe n° 1, sont rejetées des approvisionnements ou refusées en distribution.

La responsabilité pécuniaire de l'entrepreneur, en ce qui concerne les denrées appartenant à l'Etat, se trouvera engagée pour les pertes et pour les avaries provenant soit d'un défaut de vérification, lors de l'entrée de la denrée dans ses magasins, soit du manque de soins apportés à sa conservation ou de toute autre inobservation des prescriptions contenues dans ladite annexe.

En cas de manquant ou d'avarie, le sous-intendant militaire constate le fait par procès-verbal et il est procédé comme suit:

Manquant.

Si le manquant porte sur des denrées appartenant à l'Etat, l'entrepreneur doit, au choix de l'Administration, remplacer en nature le manquant ou en payer le montant au prix du tarif de remboursement en vigueur à la date de l'établissement du procès-verbal; de plus, il subit une pénalité fixée par l'article 15-c.

Si le manquant porte sur des denrées appartenant à l'entrepreneur, il est fait également application des dispositions de l'article 15-c.

Avaries.

a) Si l'altération des denrées est le résultat de circonstances fortuites, survenues après l'entrée en magasin et indépendantes de la volonté de l'entrepreneur, ces denrées, si elles appartiennent à l'entrepreneur, lui sont remises pour être immédiatement enlevées des magasins et remplacées par des denrées de bonne qualité, dans le délai fixé ci-dessous.

Si l'altération s'est produite sur des denrées appartenant a l'Etat, l'administration indique à l'entrepreneur la destination à donner à la denrée altérée.

b) S'il est reconnu que des denrées appartenant à l'entrepreneur sont défectueuses par leur vice propre ou que l'altération aurait pu être évitée par l'entrepreneur, les denrées défectueuses ou altérées lui sont restituées et il subit l'imputation prévue à l'article 15-*d*. Les denrées rejetées sont remplacées par l'entrepreneur.

Si des denrées appartenant à l'Etat ont subi des altérations qui auraient pu être évitées par l'entrepreneur, le sous-intendant militaire établit un procès-verbal pour constater les avaries. Les denrées restent la propriété de l'Etat et l'entrepreneur subit, indépendamment de la pénalité prévue à l'article. 15-*d*, une imputation égale à la différence entre la valeur de la denrée calculée d'après les prix du tarif de remboursement en vigueur au moment où l'avarie a été constatée et la valeur d'utilisation de la denrée d'après l'estimation du sous-intendant militaire qui a la faculté, s'il le juge utile, de se faire assister par un expert. En cas de remise aux Domaines, la valeur d'utilisation est le prix de vente.

Les dispositions du présent paragraphe *b*) sont applicables au cas où l'entrepreneur, lors du renouvellement de l'approvisionnement, remplacerait les denrées appartenant à l'Etat par des denrées défectueuses.

« Si l'entrepreneur accepte purement et simplement l'imputation qui lui est faite, le procès-verbal est définitivement approuvé par le directeur de l'intendance. Dans le cas où l'entrepreneur contesterait le bien-fondé de l'imputation ou son, montant, le procès-verbal est soumis à l'approbation du Ministre. »

Pour les denrées appartenant à l'entrepreneur qui sont reconnues nuisibles à la santé des chevaux, avis de cette considération est donné par l'administration militaire, dans l'intérêt de la salubrité publique, à l'autorité civile, pour que cette dernière prenne telle mesure qu'elle jugera convenable en vue de la destruction de ces denrées ou de la destination à leur donner.

La commission d'appel pour les denrées composant l'approvisionnement et la commission de garnison pour les denrées présentées en distribution pourront émettre des conclusions sur le point de savoir si l'avarie constatée rentre dans la catégorie visée au paragraphe *b* ci-dessus.

Le sous-intendant militaire fixe un délai pour le remplacement des denrées remises, après rejet ou refus; ce délai n'est jamais supérieur à quarante jours pour le foin et la paille pressés et à trente jours pour les autres denrées.

L'entrepreneur doit, d'ailleurs, se procurer immédiatement, pour l'exécution du service, des denrées remplissant toutes les conditions exigibles.

CHAPITRE III.

DISPOSITIONS DIVERSES.

Pénalités à infliger à l'entrepreneur.

Art. 15. Les pénalités qui peuvent être infligées à l'entrepreneur sont les suivantes :

a) Lorsque les denrées sont sorties des magasins sans l'autorisation du sous-intendant militaire autrement que pour les distributions, l'entrepreneur subit une imputation égale à 5 p. 100 de la valeur des denrées enlevées, calculée d'après les prix du marché, ou, à défaut, d'après ceux du tarif de remboursement en vigueur au moment de l'établissement du procès-verbal constatant le fait.

b) Lorsque l'entrepreneur n'est pas en mesure de livrer, à l'heure et dans les conditions voulues, les quantités qui lui ont été demandées ou celles qu'il doit distribuer en remplacement de celles rejetées, l'administration militaire est libre de faire pourvoir à la fourniture desdites quantités de la manière qu'elle juge convenable, et aux risques et périls de l'entrepreneur en défaut.

Indépendamment de l'excédent éventuel de dépenses résultant de l'achat fait par défaut, l'entrepreneur subit alors sur ses factures une imputation égale à 5 p. 100 de la valeur, calculée sur les bases du paragraphe *a*) ci-dessus, des fournitures non assurées en temps utile. Une imputation basée sur le même taux lui est faite pour la première, puis pour la seconde récidive. A la suite de la troisième récidive, il est fait, d'office, application des dispositions de l'article 40 du cahier des clauses et conditions générales du 1er août 1921 relatives à la résiliation des marchés.

Lorsque les denrées ont été refusées pour défaut de qualité et que, faute de ressources locales, la partie prenante est néanmoins obligée de les accepter, l'entrepreneur subit une imputation égale à 10 p. 100 de la valeur, calculée sur les bases du paragraphe *a*) ci-dessus, des fournitures dont il s'agit.

c) Lorsqu'un retard se produit dans la réalisation de l'approvisionnement à constituer, l'entrepreneur subit une imputation égale à 2 p. 100 de la valeur des approvisionnements non constitués.

Si ce manquant n'a pas été comblé dans le délai fixé par le sous-intendant militaire, ou ne l'a été qu'en partie, le sous-intendant militaire prononce une seconde imputation s'élevant à 5 p. 100 de la valeur du nouveau manquant. Si le manquant n'a pas été comblé à l'expiration du nouveau délai assigné par le sous-intendant, il est fait, d'office, application des dispositions de l'article 40 du cahier des clauses et conditions générales du 1er août 1921 (résiliation des marchés).

Les mêmes pénalités sont applicables en cas de manquants constatés dans la partie de l'approvisionnement dont la constitution incombe à l'entrepreneur.

Dans le cas où les manquants sont constatés sur des denrées appartenant à l'Etat et si rien n'a été tenté pour dissimuler ces manquants, les pénalités prévues ci-dessus sont portées respectivement à 10 p. 100 et 20 p. 100.

Si l'entrepreneur a tenté de dissimuler des manquants de denrées appartenant à l'Etat, les mêmes pénalités sont appliquées sans préjudice des sanctions du droit commun.

d) Lorsque des denrées défectueuses ou non admises par le cahier des charges sont introduites dans les magasins, ou bien lorsque les denrées admises en magasin se sont altérées par la faute de l'entrepreneur, il subit, sur la seule constatation du fait, une imputation de 10 p. 100 de la valeur de ces denrées, calculée sur les bases du paragraphe *a*) ci-dessus; s'il est reconnu que l'introduction ait été faite dans un but de fraude, il est, en outre, fait application des dispositions de l'article 40 du cahier des clauses et conditions générales du 1ᵉʳ août 1921.

e) Lorsque l'entrepreneur n'a pas enlevé, dans le délai fixé, les denrées rejetées des approvisionnements, il subit, de ce fait, une imputation de 2 p. 100 de la valeur de ces denrées, calculée sur les bases du paragraphe *a)* ci-dessus. Il lui est fixé un nouveau délai de cinq jours au plus, à l'expiration duquel les denrées, si elles sont encore en magasin, sont vendues par un officier public. Le prix de vente est versé à la Caisse des dépôts et consignations pour le compte de l'entrepreneur.

f) Lorsqu'une denrée non altérée est néanmoins refusée en distribution par suite de défaut de manutention (criblage insuffisant pour l'avoine, foin présentant des parties défectueuses, etc.) et qu'elle doit subir de nouvelles opérations de nettoyage ou de manutention pour être mise en état d'être consommée, l'entrepreneur subit une imputation égale à 2 p. 100 de la valeur de la denrée, calculée sur les bases du paragraphe *a)* ci-dessus. Cette imputation est portée à 5 p. 100 en cas de récidive.

g) En cas de retard dans la tenue des écritures ou dans la production des comptabilités, la délivrance du mandat d'acompte est ajournée par le sous-intendant militaire jusqu'à ce que les écritures soient à jour et que les comptabilités soient produites.

h) En cas de retard dans la communication du registre des observations critiques ou dans le lotissement et l'étiquetage des denrées, une pénalité de 1 franc par jour de retard est infligée à l'entrepreneur.

i) L'entrepreneur qui ne distribue pas les denrées en suivant l'ordre d'ancienneté de récolte ou de fabrication indiqué par le sous-intendant militaire est passible d'une pénalité de 5 francs pour chaque infraction.

j) Si l'entrepreneur effectue des distributions en l'absence de l'officier de distribution, sans l'autorisation écrite du chef de corps, il sera passible d'une pénalité de 5 francs pour chaque infraction sur simple constatation faite par le sous-intendant militaire.

k) Lorsque l'entrepreneur ne pourvoit pas comme il est dit à l'article 9 et dans les délais qui lui sont fixés par le sous-intendant militaire à la fourniture du matériel d'exploitation ou d'incendie, il subit une imputation de 5 francs par jour jusqu'au jour où le matériel est constitué.

Si quinze jours après le délai imparti le matériel dont il s'agit n'est pas constitué, il pourra être acheté pour le compte de l'entrepreneur et sa valeur précomptée sur la première facture.

l) Dans le cas où les cahiers des charges communes ou spéciales prévoient l'obligation d'expédier ces denrées sur les places extérieures, si, sauf cas de force majeure, l'entrepreneur n'a pas assuré les expéditions dans les délais qui lui ont été fixés par le sous-intendant militaire, il subit une pénalité de 10 francs par jour de retard.

Cette pénalité sera portée à 20 francs par jour à partir du quinzième jour sans préjudice des dispositions que l'Administration militaire pourrait être amenée à prendre pour assurer l'expédition aux frais, risques et périls de l'entrepreneur.

m) Dans le cas où les locaux mis par l'Administration militaire à la disposition de l'entrepreneur pour l'exécution du marché ne seraient pas évacués dans les délais fixés à l'article 9, l'entrepreneur subit les pénalités indiquées au cahier des charges spéciales distinctement pour les locaux à usage de logement et pour ceux affectés à l'emmagasinement des denrées (1).

En outre, si, trente jours après l'expiration du marché, les locaux n'ont pas été complètement évacués, les denrées appartenant à l'entrepreneur qui resteraient dans ces locaux seront vendues par un officier public. Le prix de la vente sera versé à la Caisse des dépôts et consignations pour le compte de l'entrepreneur.

Ces pénalités sont applicables sans qu'il soit besoin de mise en demeure préalable et sans préjudice des sanctions judiciaires résultant de l'application du Code pénal ou de la loi du 1er août 1905 sur la répression des fraudes.

L'entrepreneur peut faire appel auprès du directeur de l'intendance ou du ministre des décisions concernant les pénalités qui lui ont été infligées.

Tous ces recours de l'entrepreneur, qu'il s'agisse d'un recours au directeur de l'intendance, ou d'un recours direct au Ministre contre les décisions du sous-intendant militaire, ou encore d'un recours au Ministre contre la décision du directeur de l'intendance militaire, doivent être remis au sous-intendant militaire, chef de service, dans les cinq jours de la notification de la décision contre laquelle il est fait appel.

---

(1) Environ le centième de la valeur locative annuelle des locaux et bâtiments

Résiliation du marché.

Art. 16. Outre les cas de résiliation du marché prévus à l'article 40 du cahier des clauses et conditions générales du 1ᵉʳ août 1921 et à l'article 15 ci-dessus, l'administration se réserve le droit de résilier le marché si, mis en demeure de se procurer les locaux nécessaires à l'exécution du service, l'entrepreneur ne l'a pas fait dans le délai assigné par l'Administration ou s'il n'a présenté que des locaux insuffisants.

Préposés de l'entrepreneur.

Art. 17. Lorsque l'entrepreneur ne dirige pas lui-même les détails de son service, il est tenu de se faire représenter par un fondé de pouvoir ou un préposé, résidant obligatoirement dans la place ou le chef-lieu de l'arrondissement de fourniture, auquel les communications de l'administration sont valablement adressées.

Par suite, les constatations et recensements faits par l'autorité compétente, en présence du fondé de pouvoir ou du préposé, sont considérés comme ayant lieu en présence de l'entrepreneur lui-même.

L'entrepreneur, son fondé de pouvoir ou son préposé, sont, s'il y a lieu, munis de cartes d'identité, établies conformément au modèle indiqué à l'annexe nº 11 et aux frais de l'administration militaire. Ils sont tenus de présenter leur carte pour pénétrer dans les établissements militaires.

L'entrepreneur soumet la nomination de son fondé de pouvoir ou préposé au directeur de l'intendance, en joignant à sa proposition photographie et une déclaration de l'intéressé, s'engageant à accepter les fonctions qui lui sont confiées. Cette proposition est adressée dans les délais ci-après :

a) A son entrée en exercice, dans la quinzaine qui suit la notification de l'approbation du marché;

b) A chaque mutation individuelle, volontaire ou imposée, soit par l'entrepreneur, soit par le directeur de l'intendance après enquête, dans les quinze jours qui suivent l'ouverture de la vacance.

Les signatures des déclarants doivent être légalisées par les maires.

Le fondé de pouvoir ou préposé doit être Français ou naturalisé français. L'autorité militaire restera juge des exceptions qui pourront être faites à cette règle (1).

Cautionnement.

Art. 18. Le cautionnement définitif comprend :

a) Une somme de 10 francs par cheval de l'effectif de base indiqué au cahier des charges spéciales;

b) 10 p. 100 de la valeur, calculée sur les prix du marché, ou, à défaut, sur le tarif de remboursement en vigueur au début du marché, de l'approvisionnement des denrées fourragères appartenant à l'Etat à entretenir par l'entrepreneur (article 4 *p*).

L'entrepreneur peut, sur sa demande, être autorisé à remplacer le cautionnement définitif par une affectation hypothécaire présentant des garanties suffisantes.

Par dérogation aux dispositions de l'article 90 de l'instruction du 21 novembre 1921, relative aux marchés du Département de la guerre, les cautionnements définitifs constitués en numéraire seront remboursés, par la Caisse des dépôts et consignations, au moyen de virement, dans les conditions prévues par les décrets du 6 décembre 1918 et du 18 mars 1919.

Assurance contre l'incendie, la foudre, les risques locatifs et les recours des voisins.

Art. 19. L'assurance est contractée par l'entrepreneur dans les conditions prévues par l'article 14 du cahier des clauses et conditions générales du 1er août 1921. L'entrepreneur ne pourra être autorisé à recourir aux compagnies étrangères qu'autant qu'elles auront été agréées par le directeur de l'intendance et que leurs offres seront inférieures d'au moins 15 p. 100 aux offres les plus avantageuses faites par les compagnies françaises (2).

---

(1) En Algérie et en Tunisie, les indigènes et les étrangers ne peuvent être agréés par l'autorité militaire comme préposés ou fondés de pouvoir, que sous la condition de s'engager par écrit à se soumettre pour l'exécution des entreprises militaires aux lois et à la juridiction françaises.

(2) En Algérie et en Tunisie, lorsque, après enquête de l'administration, l'impossibilité pour l'entrepreneur de s'assurer dans certaines places ou postes de fournitures aura été reconnue, l'entrepreneur en sera dispensé. Mais, dans ce cas, il n'en demeure pas moins responsable de tous dégâts, pertes ou avaries, tant vis-à-vis de l'Etat que des voisins qui auraient été victimes du sinistre.

Lorsque l'entrepreneur utilise des bâtiments de l'Etat, l'estimation de la valeur des bâtiments est faite par le service du génie comme il est dit à l'annexe n° 2.

Dans ce cas, l'entrepreneur doit faire l'assurance tant en son nom qu'au nom de l'Etat, propriétaire de l'immeuble, la compagnie renonçant ainsi, avec l'entrepreneur, à se prévaloir des articles 1733 et 1734 du Code civil.

Lorsqu'une partie seulement d'un bâtiment de l'Etat est mise à la disposition de l'entrepreneur, l'assurance ne comprend que la valeur de cette partie dudit bâtiment. Cependant l'entrepreneur doit assurer, d'après l'estimation du service du génie, contre les risques de son voisinage, la partie des bâtiments de l'Etat qui sont contigus à ceux occupés par l'entrepreneur, ainsi que le matériel et les denrées qu'ils renferment.

Pour l'assurance, la valeur des denrées appartenant à l'Etat est calculée sur les prix du marché; celle des objets mobiliers appartenant à l'Etat est déterminée d'après les prix de la nomenclature du matériel.

En cas d'augmentation des approvisionnements en cours de marché, la prime globale prévue à l'article 25 est augmentée des frais de la nouvelle police d'assurances contractée par l'entrepreneur.

Par dérogation à l'article 14 du cahier des clauses et conditions générales du 1ᵉʳ août 1921, lorsque l'entrepreneur utilise des locaux loués par l'Etat, il n'est pas astreint à assurer contre les risques locatifs et les recours des voisins les bâtiments et locaux pris à loyer et mis à sa disposition sous la double réserve que :

1° Le bail de location affranchisse à la fois l'Administration et ses entrepreneurs des risques locatifs et des recours des voisins;

2° L'assurance contractée par le bailleur couvre effectivement ces risques.

En cas d'insuffisance de l'assurance prise, aux termes du contrat de location, par le bailleur, l'entrepreneur à la ration contractera une assurance complémentaire destinée à couvrir les risques non assurés.

Le cahier des charges spéciales concernant chaque entreprise indiquera les obligations de l'entrepreneur à ce sujet.

Charges accessoires de l'entreprise.

Art. 20. Sont à la charge de l'entrepreneur : ·

1° Tous les frais quelconques nécessités par l'exécution matérielle du service, tels que : location de magasin, dépenses de personnel, de bureau, de réception, de transformation des denrées, de déchargement, frais de poste, achats d'ingrédients et de menus objets nécessaires à la conservation des denrées de l'Etat, nettoyage et réparation de la sacherie appartenant à l'Etat, entretien et réparation du matériel de l'Etat mis à la disposition de l'entrepreneur, etc.;

2° La moitié des frais d'inventaire à la reprise et à la remise du service;

3° Les frais de transport des denrées et du matériel à reprendre de l'entrepreneur sortant, en cas de changement de locaux.

L'entrepreneur fait en outre l'avance des droits d'octroi pour les denrées consommées appartenant à l'Etat. Il est remboursé de cette avance par les soins de l'officier d'administration gestionnaire qui a ces denrées dans ses comptes sur production des quittances délivrées par l'octroi.

Ecritures à tenir par l'entrepreneur.

Art. 21. Dans chaque magasin de place en service permanent, les mouvements successifs d'entrée et de sortie sont mentionnés, sans aucune exception, par l'entrepreneur ou son préposé, sur un registre spécial, dit des entrées et sorties, tenu jour par jour et sans aucune lacune.

Les denrées appartenant à l'administration sont inscrites distinctement de celles appartenant à l'entrepreneur. Les écritures doivent aussi comprendre les distributions faites à titre onéreux et les déchets de manutention et de criblage. La tenue de ce registre n'est pas obligatoire en Algérie et en Tunisie, dans les places où l'effectif normal des animaux à nourrir est inférieur à dix et dans celles où le service est éventuel.

L'entrepreneur (ou son préposé) tient, en outre, le registre de visite des denrées mises en distribution ainsi que le registre particulier destiné à recevoir l'inscription des critiques portées sur le registre de distribution.

Ces registres, conformes aux modèles annexés au présent cahier des charges (annexes n°⁵ 5, 6 et 7), sont cotés et paraphés par le sous-intendant militaire, et ils lui sont représentés aussi souvent qu'il le juge convenable. En cas de critiques formulées, le sous-intendant militaire en est informé, dans les vingt-quatre heures, par l'entrepreneur ou le préposé, par la transmission du registre des observations critiques.

Enfin, l'entrepreneur établit toutes les pièces d'entrées et de sorties qui se rapportent à l'entreprise, ainsi que les états de situation aux dates indiquées et d'après les modèles donnés par l'Administration militaire.

Les registres mentionnés au présent article deviennent la propriété de l'administration en fin de marché. Ils sont, à cette époque, renvoyés au sous-intendant chargé du service. Quant aux ordres et instructions de principe donnés aux entrepreneurs ou préposés, ils sont remis, en fin de marché, à leurs successeurs.

Toutefois, le registre de visite des denrées mises en distribution et celui des observations critiques peuvent continuer à être utilisés, pendant les marchés subséquents, si l'entrepreneur reste le même.

Si l'entrepreneur recevait directement, dans les conditions indiquées à l'article 7, des denrées livrées par des fournisseurs de l'Administration militaire, il devrait tenir un registre des récépissés provisoires et un registre des récépissés comptables (art. 48, § 4 *bis* de l'Instruction du 30 décembre 1902 sur la comptabilité-matières).

Cessation du service.

Art. 22. Si les consommations viennent à cesser dans la place et ne sont pas reprises dans un délai de quarante-cinq jours, l'entrepreneur a droit à l'indemnité prévue à l'article 5.

La fraction de la prime annuelle pour frais généraux et d'entretien de l'approvisionnement correspondant à la période comprise entre la date de cessation de service et celle de l'expiration normale du marché, est payée à l'entrepreneur en sus de cette indemnité, mais diminuée de 10 p. 100 de la valeur de l'approvisionnement à constituer et à entretenir en tout temps par lui, et de 2 p. 100 de la valeur des approvisionnements de l'Etat à entretenir par lui, cette diminution n'étant calculée que pour la période restant à courir jusqu'à l'expiration du marché.

CHAPITRE IV.

PAYEMENT DES FOURNITURES.

Art. 23. § 1ᵉʳ. *Dispositions spéciales aux places ayant un effectif supérieur à 70 chevaux.* — Tous les quinze jours, sur la production des bons de distribution, le sous-intendant militaire délivre à l'entrepreneur un mandat d'acompte des 5/6ᵉˢ de la valeur des fournitures faites, après avoir préalablement déduit les sommes dont l'entrepreneur serait débiteur envers l'Etat. Le sixième réservé doit toujours être calculé sur la valeur des fournitures effectuées.

Ce mandat doit être délivré dans les cinq jours qui suivent le dépôt des bons si les écritures sont à jour et si les comptabilités ont été produites dans les délais.

Le sous-intendant militaire ordonnance par trimestre, ou, sur la demande de l'entrepreneur, par acomptes mensuels, la somme due au titre de la prime globale pour frais généraux et d'entretien.

A l'intérieur et en Corse, tous les payements seront faits au compte courant indiqué par l'entrepreneur dans sa soumission et ouvert à son nom, à son choix, soit dans un bureau de chèques postaux, soit dans une trésorerie générale, soit à la Banque de France, ou dans une banque ayant elle-même un compte ouvert à la Banque de France.

Pour l'Algérie et la Tunisie, le compte doit être ouvert soit dans une trésorerie générale, soit à la Banque de France ou dans une banque ayant elle-même un compte ouvert à la Banque de France.

A la fin de chaque trimestre, l'entrepreneur établit en deux expéditions, dont une timbrée, la facture des fournitures faites pendant le trimestre, ainsi que de la somme due au titre de la prime pour frais généraux et d'entretien. Il établit et joint à ses factures les bons totaux et bordereaux de distribution prescrits par les règlements. Les formules imprimées lui sont fournies par l'administration.

§ 2. *Dispositions spéciales aux places ayant un effectif égal ou inférieur à 70 chevaux.* — Le dernier jour de chaque mois, l'entrepreneur adressera à l'officier d'administration gestionnaire du service des subsistances qui lui sera désigné par le sous-intendant militaire les bons partiels de distribution à titre gratuit récapitulés dans un bordereau (n° 298 de la nomenclature) qui sera décompté.

Après vérification du bordereau et dans les cinq jours qui suivent sa réception, l'officier d'administration gestionnaire établit une facture (1) qui comprend, outre la valeur des denrées distribuées pendant le mois précédent, la somme due au titre de la prime pour frais généraux et d'entretien. Cette facture est ensuite adressée à l'entrepreneur qui la renvoie à l'officier d'administration gestionnaire après l'avoir certifiée.

Au retour de la facture, l'officier d'administration gestionnaire en acquitte (2) sans retard le montant par virement au compte de chèques postaux que l'entrepreneur devra obligatoirement posséder ou se faire ouvrir à son nom.

Les fournitures faites aux parties prenantes, à titre remboursable, seront payées comptant à l'entrepreneur et ne figureront pas dans ses comptes.

§ 3. *Disposition commune aux places des deux catégories.* — Toute facture ou pièce de dépense non produite dans le délai de vingt jours à compter de l'expiration du trimestre pendant lequel la dépense a été faite, donnera lieu, sans mise en demeure préalable, à l'imputation d'une somme de cinquante centimes par mille francs et par jour de retard (3).

Les sommes avancées par l'entrepreneur pour le compte de l'Etat (droit d'octroi, frais de transport ou de camionnage des denrées de l'Etat, etc.) pourront, sur demande de l'intéressé, faire l'objet d'une facture distincte.

§ 4. *Dispositions spéciales à l'Algerie et à la Tunisie.* — Lorsque des troupes détachées inopinément ont reçu des rations de fourrage par les soins des autorités locales, avant que l'entrepreneur ait eu la possibilité de pourvoir à leurs besoins, celui-ci paye immédiatement les fournitures sur le compte qui en est établi par le sous-intendant militaire et arrêté par le directeur de l'intendance. L'entrepreneur en est remboursé au prix de facture.

---

(1) Modèle n° 1 (*B. O.*, E. M., vol. 26 *bis*) ou modèle n° 498 de la nomenclature.

(2) Préalablement au payement l'officier d'administration gestionnaire doit s'assurer que les sommes à payer ne sont pas frappées d'opposition (art. 174, § 1ᵉʳ, de l'instruction du 30 juillet 1903, *B. O.*, E. M., vol. 24).

(3) Pour l'arrondissement d'entreprise des Basses-Alpes, des Alpes-Maritimes, la Corse, l'Algérie et la Tunisie, le délai est de quarante-cinq jours.

Si l'entrepreneur ne justifie pas, dans un délai de vingt jours, compté du jour où lui a été notifié le compte arrêté par le directeur de l'intendance, du payement des fournitures dont il s'agit, le sous-intendant procède, d'office, à l'ordonnancement de la dépense, qui est alors comprise au crédit et au débit de la facture de l'entrepreneur.

Ces dispositions ne s'appliquent pas aux fournitures faites par réquisition, l'administration en assure le payement conformément aux dispositions de la loi du 3 juillet 1877.

Décompte de la valeur des denrées distribuées.

Art. 24. Les fournitures sont décomptées comme suit :

a) Denrées fournies par l'entrepreneur. Paiement au prix du marché et, en Algérie et Tunisie, avec majoration de 10 p. 100 là où le service est éventuel (1).

b) Denrées fourragères de base et de substitution appartenant à l'Etat et confiées à l'entrepreneur (art. 7).

Allocation, par quintal métrique net de denrées distribuées ou conservées quelle qu'ait été la durée de conservation d'une prime fixée chaque année par le Ministre et qui couvre concurremment avec la prime globale prévue à l'article 25, tous les frais de réception, de conservation, de manutention (pelletage et criblage des avoines, etc., y compris la valeur des déchets normaux, c'est-à-dire dus à la dessiccation, aux dégâts des rongeurs, etc.) de distribution ou, s'il y a lieu, de réexpédition, mais non de transport.

Toutefois, pour l'avoine et l'orge, les déchets de criblage n'étant pas réputés déchets normaux, la prime est due pour ces déchets jusqu'à concurrence du taux fixé à l'entrée de chaque lot en magasin.

Conséquemment, pour ces denrées qui ne doivent être mises en distribution qu'après avoir été parfaitement nettoyées et criblées, les déchets de criblage restent à la charge de l'Etat et demeurent sa propriété. Le taux des déchets de criblage sera indiqué sur les factures d'envoi quand les avoines ou orges seront expédiées par une gestion, ou s'il s'agit d'avoines provenant di-

---

(1) Pour les denrées distribuées en dehors du périmètre de l'octroi, il est fait déduction des droits d'octroi. Toutefois, étant donnée la situation particulière des arrondissements de fourniture de Nice et de la Corse, toutes les denrées distribuées sont payées à l'entrepreneur au prix de son marché, quels que soient les lieux de distribution.

rectement du commerce, déterminé dans les conditions prévues à l'article 7.

Dans le premier cas, l'entrepreneur pourra faire procéder, dès réception, sous la surveillance du sous-intendant militaire, à une contre-épreuve dont les résultats seront consignés dans un procès-verbal qui sera transmis au directeur de l'intendance. Ce dernier statuera définitivement sur le taux du déchet, après avoir fait procéder à une nouvelle expérience, s'il le juge utile.

Dans les deux cas (expédition par un gestionnaire ou livraison par un vendeur), les quantités d'avoine ou d'orge distribuables et de déchets réellement trouvés au cours des opérations de criblage et de distribution seront constatés par procès-verbal de continuité, établi dans les conditions indiquées par l'instruction sur le Service des Subsistances militaires (volume 91).

Si ce procès-verbal fait ressortir un déchet total supérieur à celui qui résulterait du taux fixé à l'entrée de chaque lot, la différence est imputable à l'entrepreneur.

Dans le cas contraire, l'imputation à l'Etat est limitée aux déchets réellement constatés par le procès-verbal de continuité.

La prime dont il s'agit ne peut être payée qu'une seule fois dans le cours du même marché pour une même denrée, c'est-à-dire lorsque cette denrée sort des comptes de l'entrepreneur par suite de distribution, de réexpédition ou de remise du service. Elle n'est due, d'ailleurs, pour les quantités restant en fin de marché, que si, au moment de la reprise par l'administration, l'état de conservation des denrées remplit les qualités requises. Mais l'indemnité est due pour la conservation des denrées qui, après avoir été distribuées au cours du marché, sont ensuite rendues par les corps de troupe pour être échangées avec d'autres, et sont réintégrées dans les magasins de l'entrepreneur.

La prime n'est allouée pour la conservation des denrées qui seraient remises à l'entrepreneur dans le dernier mois de son entreprise que si ces denrées viennent à être distribuées avant l'expiration du marché.

La prime n'est pas due pour les quantités de denrées composant l'approvisionnement à entretenir par l'entrepreneur (art. 4 *d*), non plus que pour les denrées qui seraient éventuellement expédiées par lui sans rompre charge.

Il sera en outre alloué un supplément de prime pour les matières ayant subi de la part de l'entrepreneur un traitement mécanique, savoir :

Par quintal.

Concassage ou aplatissage de l'avoine, orge, maïs.... 0 50
Concassage des tourteaux........................... 0 20
Pressage du foin et de la paille...................... 2 50

Ces prix seront diminués de un tiers lorsque les appareils à concasser ou les presses seront fournis par l'Administration militaire.

Les suppléments de prime ne seront dus que si le traitement mécanique a été ordonné par écrit par le sous-intendant militaire ou son suppléant.

Prime globale pour frais généraux et d'entretien de l'approvisionnement et décompte de la partie dudit approvisionnement constitué par l'entrepreneur.

Art. 25. Indépendamment des sommes payées à l'entrepreneur d'après les indications de l'article 24, il lui est alloué la somme ferme indiquée au marché, pour toute la durée de l'entreprise, à titre de frais généraux de l'entreprise couvrant tous les frais d'entretien et de manutention de l'approvisionnement, l'intérêt du capital, les frais de location, les frais divers.

En cas d'augmentation, en cours de marché, de l'approvisionnement, par application des dispositions du dernier alinéa de l'article 6, la prime globale est augmentée de l'intérêt du nouveau capital engagé, des frais de location éventuelle des nouveaux magasins, et des frais de la nouvelle police d'assurance contractés par l'entrepreneur.

Les denrées composant la partie de l'approvisionnement constitué par l'entrepreneur (partie *b*) et laissée en magasin à l'expiration normale ou prématurée du contrat lui sont payées au quintal net de tare, au prix de son marché.

CHAPITRE V.

REMISE DU SERVICE.

Locaux et mobilier.

Art. 26. Il est procédé à la remise des locaux et du mobilier, conformément aux indications de l'annexe n° 2.

Approvisionnements.

Art. 27. L'entrepreneur laisse en magasin, à l'expiration de son marché :

1° L'approvisionnement (parties *a* et *b*) de denrées fourragères dont l'entretien est prévu à l'article 6;

2° Les quantités de foin, de paille, d'avoine et de denrées de substitution qui lui ont été remises au cours du marché (art. 7) et qui n'ont pas été distribuées ou réexpédiées sur d'autres points.

Ces denrées seront remises par l'entrepreneur sortant à l'entrepreneur entrant dans les conditions indiquées à l'annexe n° 1.

Au cas où des denrées reconnues défectueuses devraient être remplacées au moment de la remise du service, il est fait à l'entrepreneur application des dispositions de l'article 14.

Cette remise donne lieu à l'établissement d'un procès-verbal par le sous-intendant militaire; il est signé des deux parties.

Si, lors de cette remise, l'entrepreneur entrant prend en charge les denrées sans élever d'objections quant à la quantité, la nature, la qualité, le mode d'emballage, etc., en un mot s'il en accepte la prise en charge sans restriction, le procès-verbal constate l'accord entre l'entrepreneur entrant et l'entrepreneur sortant.

Au cas de désaccord entre les deux entrepreneurs, le procès-verbal mentionne l'objet du désaccord; il précise les responsabilités encourues et les sanctions qui en découlent.

CHAPITRE VI.

DISPOSITIONS SPÉCIALES AU CAS DE MOBILISATION.

Dispositions communes à toutes les places.

Art. 28. Le sous-intendant militaire informe, par écrit, l'entrepreneur de la mobilisation du ou des corps de troupe de la place où s'effectue le service.

L'entrepreneur est tenu d'assurer le service dans les conditions du temps de paix jusqu'à épuisement de l'une des denrées de l'approvisionnement (art. 6) et de céder à ce moment à la demande de l'administration militaire le reliquat des autres denrées lui appartenant et existant dans les magasins.

Ces denrées lui sont payées aux prix stipulés au marché, déduction faite des droits d'octroi pour les denrées en entrepôt.

L'importance des fournitures journalières est basée non plus sur les quantités fixées par le cahier des charges spéciales, mais sur celles déterminées par le sous-intendant militaire qui met, s'il y a lieu, à la disposition de l'entrepreneur, le personnel et le matériel de complément nécessaires pour assurer la fourniture des denrées en sus des maxima.

La prime globale sera allouée jusqu'au jour de l'épuisement de l'une des denrées composant l'approvisionnement.

Pendant trois mois à partir de ce jour, l'entrepreneur est tenu d'assurer le service dans les conditions dites « du pied de guerre », ainsi qu'il est indiqué à l'article suivant.

Continuation du marché par l'exécution d'un service de guerre.

Art. 29. Dans le service du pied de guerre qui prendra date du jour de l'épuisement de l'une des denrées (comme il est dit art. 28), les obligations de l'entrepreneur seront limitées à la conservation et à la distribution des denrées fourragères; le service sera payé sur les bases de l'article 24 b. A la demande de l'entrepreneur, le taux des primes de distribution pourra cependant être l'objet d'une revision. Les nouveaux taux seront fixés par les directeurs de l'intendance, sauf recours de l'entrepreneur au ministre en cas de désaccord.

En outre, il sera alloué à l'entrepreneur la prime globale prévue au cahier des charges spéciales diminuée des frais d'entretien, c'est-à-dire de 10 p. 100 de la valeur de la partie de l'approvisionnement lui appartenant et 2 p. 100 de la valeur de la partie de l'approvisionnement appartenant à l'Etat.

Le service prendra fin au jour qui sera fixé par l'autorité militaire sans que la durée totale de son exécution puisse être supérieure à trois mois, que le marché du temps de paix soit venu ou non à expiration dans l'intervalle.

L'entrepreneur, s'il assure personnellement le service, ou dans le cas de la négative, le préposé, qui ne seraient pas dégagés de toute obligation militaire pourront être maintenus en sursis aussi longtemps que le service l'exigera.

En outre, l'administration militaire mettra, s'il y a lieu, à la disposition de l'entrepreneur le nombre d'hommes de complément reconnus nécessaires pour les besoins du service à exécuter.

Les militaires ainsi employés recevront de l'entrepreneur une indemnité journalière, représentant la solde et les vivres, fixée par le général commandant la région, sur la proposition du directeur de l'intendance.

Les locaux et le matériel de complément qui devraient être mis à la disposition de l'entrepreneur pour l'exécution du service de guerre lui seront confiés gratuitement.

Si le sursis de l'entrepreneur ou de son préposé n'est pas accordé et si l'entrepreneur ne peut pas faire assurer le service par un préposé non mobilisable, le marché est résilié. Dans ce cas, l'administration peut se faire céder aux prix prévus à l'article précédent toutes les denrées en magasin qui appartiennent à l'entrepreneur. Le service est alors assuré par les soins de l'administration et, s'il y a lieu, une indemnité à discuter est allouée à l'entrepreneur pour tenir compte de la valeur locative des locaux ou du matériel appartenant audit entrepreneur ou loués par lui et utilisés par l'administration militaire.

Cessation du service.

Art. 30. Dans les places fortes et forts et dans les villes ouvertes spécialement désignées à cet effet, le marché est résilié de plein droit après l'épuisement d'une des denrées des approvisionnements constitués en temps de paix (parties *a* et *b*).

CHAPITRE VII.

DISPOSITIONS GÉNÉRALES.

—

Entrepôt d'octroi.

Art. 31. L'entrepreneur est tenu de faire, en temps utile, les démarches nécessaires pour obtenir, dans les villes sujettes à l'octroi, la faculté de l'entrepôt pour les denrées de l'Etat soumises aux droits.

Conditions de travail.

Art. 32. Les entrepreneurs sont tenus de se conformer aux dispositions du décret du 10 août 1899 sur les conditions du travail (décret du 21 septembre 1913 pour l'Algérie).

Si l'administration constate une différence entre le salaire payé aux ouvriers et le salaire courant tel qu'il ressort du bordereau des salaires joint au cahier des charges spéciales, elle indemnise directement les ouvriers au moyen de retenues effectuées sur les sommes dues à l'entrepreneur et sur son cautionnement.

L'entrepreneur devra se conformer aux obligations de la loi du 29 avril 1919 sur la journée de huit heures.

En Tunisie, les entrepreneurs sont soumis aux obligations résultant de la législation ci-après énumérée :

Décrets beylicaux du 15 juin 1910 réglementant les conditions et l'organisation du travail ainsi que le mode de payement des salaires.

Décret beylical du 20 avril 1921 et arrêté du 25 du même mois du directeur général de l'agriculture, du commerce et de la colonisation, relatifs au repos hebdomadaire.

Loi du 9 avril 1898 (modifiée par les lois du 22 mars 1902, 31 mars 1905, 17 avril 1906, 6 juillet et 5 août 1920, 6 janvier 1921 et 12 avril 1922), décret beylical du 15 mars 1921 et arrêté du 23 juillet 1921 pris en vue de son application sur les responsabilités des accidents dont les ouvriers sont victimes dans leur travail.

En Alsace-Lorraine, les entrepreneurs devront se conformer aux arrêtés des 28 septembre et 15 octobre 1919 du commissaire général de la République relatifs aux conditions du travail et à l'application du Livre II du Code du travail et de la prévoyance sociale dans les marchés passés au nom de l'Etat.

Retraites ouvrières.

Art. 33. Le titulaire du marché justifiera, en ce qui concerne le personnel occupé, qu'il se conforme aux obligations de la loi des retraites ouvrières et paysannes; qu'à cet effet il effectue le précompte de la cotisation ouvrière lors de chaque paye, dans les conditions prévues par l'article 3 de la loi du 5 avril 1910-17 août 1915 et appose les timbres représentant la double contribution sur les cartes de ces salariés. Pour les salariés qui ne présenteraient pas leurs cartes, il fera la preuve par la présentation des récépissés qu'il effectue, à la fin de chaque mois le versement, au greffe de la justice de paix, de la contribution patronale dans les conditions prévues à l'article 23 (§ 2) de la loi des retraites.

Cet article n'est pas applicable à la Tunisie.

Annexes obligatoires comme le cahier des charges.

Art. 34. Toutes annexes du présent cahier des charges en font partie intégrante et sont, comme le cahier des charges lui-même strictement obligatoires pour les parties.

ANNEXES

ANNEXE N° 1.

Nature et qualité des denrées à fournir.

Les denrées dont se compose la ration ordinaire de fourrages sont :

Le foin;
La paille de froment;
L'avoine.

Les denrées de substitution sont :

La luzerne et le sainfoin;
La paille d'avoine;
L'orge, le seigle, le maïs, le sorgho;
Le paddy, le dari, les fèves, les févettes, les féveroles;
Les pois, les caroubes;
Les carottes, les panais, les betteraves;
Les topinambours, les rutabagas;
Les aliments mélassés;
Les tourteaux, les marcs de pommes, les drèches de brasserie, les radicelles d'orge.

Conditions générales imposées aux entrepreneurs.

Toutes les denrées entrant en magasin doivent être de qualité loyale et marchande.

Le mélange par l'entrepreneur des denrées fourragères soit de qualité, soit de provenances différentes est interdit et expose l'entrepreneur à la résiliation de son marché.

La seule préparation à donner par l'entrepreneur aux denrées mises en distribution est celle qui est indispensable pour l'ex-

traction de la poussière et des herbes, plantes, graines non nu-
tritives ou nuisibles.

L'avoine ne peut être mise en distribution qu'après avoir été .
parfaitement nettoyée et criblée.

L'entrepreneur doit pourvoir ses magasins de cribles assez
perfectionnés pour donner à la denrée le degré de netteté nécessaire. Il remplacera au besoin ceux qu'il a reçus à la reprise du
service.

La denrée en magasin doit être telle qu'après nettoyage, au
moment de la mise en distribution, elle puisse atteindre le poids,
mesuré à la trémie conique, fixé par le cahier des charges spéciales.

Si un doute subsiste à cet égard au sujet d'un lot en magasin,
le sous-intendant militaire peut exiger qu'une expérience de nettoyage soit faite en sa présence, avec les appareils dont sont
pourvus à ce moment les magasins de l'entrepreneur, et par
les soins de ce dernier; la denrée sera admise en magasin ou refusée, suivant que, ainsi nettoyée, elle atteindra ou non le poids
spécifique minimum fixé par le cahier des charges spéciales.

L'avoine est conservée partie en vrac. partie en sacs réglés au
poids net de 70 ou 75 kilogrammes; ce poids est de 50 kilogrammes dans les places où le transport de la denrée est susceptible
d'être effectué à dos de mulet. en cas de mobilisation. La quantité d'avoine à entretenir suivant chaque mode est indiquée au
cahier des charges spéciales. Des sacs vides à constituer par
l'entrepreneur et dont le nombre figure au cahier des charges
spéciales, restent déposés à proximité des avoines conservées
en couches pour permettre un ensachement immédiat de la denrée. Tous les sacs sont d'assez bonne qualité pour que l'ensachement rapide et le transport de la denrée puissent s'effectuer
dans des conditions satisfaisantes.

Dans le cas où l'avoine est fournie par l'administration militaire dans des sacs lui appartenant, ces récipients sont toujours
restitués à l'administration et l'entrepreneur reste responsable
de leur valeur jusqu'à leur restitution.

Pour le renvoi, s'il y a lieu, de ces récipients, l'entrepreneur
devra réclamer au chemin de fer l'application du tarif le plus
réduit, spécial aux emballages vides en retour.

. Les frais de timbre et d'enregistrement des expéditions ainsi
que les frais de transport, si le tarif précité ne comporte pas
la gratuité, seront remboursés à l'entrepreneur sur sa facture
trimestrielle.

Au cas où l'entrepreneur n'effectuerait pas la réexpédition dans les délais voulus pour bénéficier de la réduction des tarifs de transport, le supplément de la dépense occasionnée serait mis à sa charge.

Pour la rapidité des distributions à faire à la mobilisation, les sacs contenant l'avoine entretenue au titre des diverses catégories d'approvisionnements de réserve, sont remis en même temps que la denrée aux parties prenantes.

Ces sacs, s'ils sont la proprieté de l'entrepreneur, sont remplacés nombre pour nombre par l'administration.

Chaque lot d'avoine porte une étiquette indiquant, autant que possible, la provenance, l'année de la récolte, le poids à l'hectolitre, le taux du déchet.

Les avoines de mobilisation doivent toujours être entretenues dans des conditions telles qu'elles puissent être distribuées immédiatement sans subir aucune manutention.

Conditions particulières aux différentes denrées.

1° *Foin, fourrages artificiels.*

Le foin et les fourrages artificiels doivent être suffisamment ressués et de bonne qualité moyenne.

Le foin nouveau ne pourra être mis en consommation que quatre semaines au moins après la récolte, et au plus tôt le 1er juillet en Algérie et Tunisie, et le 1er août à l'intérieur.

En principe, les bottes de foin au-dessous de 6 kilogrammes ne devront pas avoir plus de deux liens et celles de 6 kilogrammes et au-dessus, plus de trois. Néanmoins, il est tenu compte à ce sujet des usages locaux.

Si les liens sont de même nature et de même qualité que la denrée distribuée, ils entrent dans le poids de la ration. Si les liens sont en paille de froment, orge, avoine, seigle, le poids de chacun, qui ne doit pas excéder 125 grammes, entre pour moitié de son poids dans la ration.

Les liens de denrées impropres au service sont défalqués en totalité.

Ne sont admis en magasin que le foin de première coupe, le sainfoin de première coupe, la luzerne de première coupe et le premier regain de luzerne.

En raison de la facilité avec laquelle le sainfoin perd ses feuilles et ses sommités fleuries lors des manipulations qu'il subit, il convient de se montrer très réservé au sujet de son emploi, lorsqu'il ne peut être consommé sur place.

Pour le rationnement des fourrages artificiels, l'entrepreneur adopte le mode le plus convenable pour que les feuilles et fleurs de sainfoin et de luzerne ne se séparent pas des tiges ou ne soient pas perdues. Il se conforme, à ce sujet, aux ordres qui lui sont donnés par le sous-intendant militaire.

La mise en distribution de la luzerne, pressée ou non, est interdite pendant les mois de mai, juin, juillet et août.

La proportion de cette denrée à admettre dans les distributions est limitée au tiers de la ration.

Les luzernes ne devront, en aucun cas, être employées à la constitution des approvisionnements entretenus en vue de la mobilisation.

2° Pailles.

a) Paille alimentaire.

Les pailles de froment et d'avoine sont admises indistinctement dans les approvisionnements.

Toutefois, il ne pourra être fourni à chaque distribution plus de un tiers de paille d'avoine.

Si, en distribution, les bottes de paille alimentaire ne sont pas liées avec de la paille de froment, d'avoine, d'orge ou de seigle, il est fait déduction du poids des liens.

b) Paille de couchage.

Elle doit être de froment, d'avoine, de seigle ou d'orge, sa distribution a lieu en botte ou en vrac.

3° Foins et pailles pressés.

Le foin et la paille sont comprimés en balles dont le poids peut varier de 40 à 100 kilogrammes; en Algérie, les balles doivent être, autant que possible, de 50 kilogrammes environ. La densité peut varier entre un minimum de 140 kilogrammes et un maximum de 300 kilogrammes au mètre cube pour le foin, et un minimum de 120 kilogrammes et un maximum de 250 kilogrammes pour la paille.

Le sainfoin ne doit jamais être pressé; la luzerne peut être pressée à la densité maximum de 225 kilogrammes au mètre cube.

Les moyens de ligature, en fer feuillard ou en-fil de fer, doivent être suffisamment solides pour résister pendant les transports et les transbordements. Les balles doivent pouvoir tomber d'une hauteur de 3 mètres sans que les liens se brisent. La ligature ne comporte de planchettes de soutien qu'autant que, eu égard au mode de pressage, ces planchettes sont indispensables pour que les balles réunissent les conditions requises de solidité et n'éprouvent pas de trop forts déchets dans les transports.

Le fanage et le bottelage du foin pressé en vue de la distribution sont formellement interdits. Les distributions seront faites aux parties prenantes soit en balles entières, soit en gâteaux entiers lorsque l'effectif des rationnaires ne correspondra pas à un nombre entier de balles. Les officiers de distribution ont le droit de faire ouvrir 5 p. 100 des balles présentées.

Le poids des liens et, s'il y a lieu, celui des planchettes de soutien, sont défalqués du poids des balles.

Toute balle reconnue défectueuse au moment de son ouverture sera remplacée par l'entrepreneur, sous la réserve qu'elle sera rapportée au magasin à fourrages dans le courant de la période pour laquelle elle aura été distribuée.

Pour la luzerne, seront considérées comme défectueuses les balles qui, à l'ouverture, contiendront une notable proportion de feuilles ou de fleurs séparées des tiges et réduites en menus fragments ou poussières.

4° *Avoines.*

Les avoines de toute provenance sont admises dans les distributions et dans l'approvisionnement.

Toutefois, à l'intérieur, les avoines d'Algérie-Tunisie sont exclues des fournitures à faire pour les jeunes chevaux des établissements de remonte.

Le cahier des charges spéciales indiquera le poids minimum à l'hectolitre que la denrée doit peser après nettoyage et les proportions maxima de graines étrangères qui sont tolérées après cette opération.

Le mélange de diverses sortes d'avoine est interdit.

5° *Orge.*

Mêmes dispositions que pour l'avoine.

6° *Maïs, seigle, fèves, féveroles, pois.*

Maïs. — Le cahier des charges spéciales indique le poids moyen à l'hectolitre. Suivant provenance et variétés, il varie de 65 à 80 kilogrammes. Toutes les variétés sont admises en distribution sous réserve des conditions suivantes :

Le grain doit être sec, sain et propre; il doit être exempt de parasites animaux (charançons, teigne, alucite) ou **végétaux** (charbon, ergot, moisissures); il ne doit présenter aucune trace de fermentation.

Seigle. — Le cahier des charges spéciales indique le poids moyen à l'hectolitre (variable de 70 à 75 kilogrammes), ainsi que la proportion de graines étrangères après criblage.

Le grain doit être sain et sec, exempt de parasites animaux ou végétaux. Toutefois, on pourra tolérer des grains ergotés dans la proportion de 1 p. 100.

Fèves et féverolles, pois. — Le cahier des charges spéciales indique le poids moyen à l'hectolitre qui varie de 71 à 79 kilogrammes.

Les graines doivent être sèches et saines. On pourra tolérer cependant, au moment de la distribution, une proportion de 1 p. 100 de graines parasites.

Les corps étrangers, terre, pierre, etc., qui se trouvent en assez grande abondance dans les fèves exotiques, devront être expulsés par criblage avant distribution.

7° *Autres denrées de substitution.*

Le cahier des charges spéciales indiquera, le cas échéant, les conditions qu'auraient à remplir les autres denrées diverses qui seraient à fournir.

Nota. — Extrait de la loi du 21 juin 1898 sur le Code rural :

Art. 54. Il est défendu de faire paître aucun animal sur le terrain d'enfouissement affecté aux cadavres des animaux morts de maladies contagieuses ou de livrer à la consommation des fourrages qui pourraient y être récoltés.

ANNEXE N° 2.

Dispositions relatives aux locaux et au mobilier.

Lorsque, conformément à l'article 9 du cahier des charges communes, des locaux appartenant à l'Etat ou loués pour son compte ou du matériel appartenant à l'Etat doivent être pris en charge par l'entrepreneur, il est procédé comme suit :

SECTION PREMIÈRE.

LOCAUX.

§ 1er. — *État descriptif des locaux.*

Le chef du génie fait établir un état descriptif, détaillé par pièce ou emplacement, des locaux et des terrains prêtés à l'entrepreneur; vérification en est faite, lors de la remise, en présence du sous-intendant militaire. Ce relevé constate :

a) L'état des bâtiments, hangars, emplacements, etc., la distance qui les sépare des quartiers, les réparations qui doivent y être faites à la charge du propriétaire, quel qu'il soit, ou à la chargé de l'entrepreneur sortant d'exercice, et le montant approximatif des dépenses respectives;

b) La nécessité ou la non-nécessité que les grosses réparations à faire soient effectuées, pour que la situation des locaux ne nuise pas à l'exploitation du service pendant un temps plus ou moins long;

c) La valeur estimative des bâtiments, pour ceux qui appartiennent à l'Etat, en déclarant que l'entrepreneur accepte cette évaluation, et qu'il se rend responsable vis-à-vis du Département de la guerre, par le fait de ladite reprise, au même titre et d'après les mêmes principes que ceux qui règlent, aux termes du Code civil, les devoirs et la responsabilité du locataire envers le propriétaire.

L'état descriptif est dressé en deux originaux, signés par le sous-intendant, le chef du génie et l'entrepreneur : l'un est délivré à ce dernier, l'autre est déposé au bureau du génie. Cet acte porte l'engagement, souscrit par l'entrepreneur, de prendre à sa charge certaines dépenses inhérentes à l'occupation.

§ 2. — *Charges diverses ; par qui supportées.*

Eu égard aux obligations imposées à l'entrepreneur, l'administration lui concède, pendant la durée de son contrat, la jouissance des immeubles au prix forfaitaire de 1 franc.

Sont à sa charge :

a) Les loyers de ceux qu'il prend en location, sauf l'exception prévue au paragraphe 6 ci-après; toutes charges de baux à loyer pendant la durée du marché;

b) Les loyers que l'entrepreneur aurait à payer, après quarante-cinq jours de cessation de service, dans le cas prévu à l'article 22 du cahier des charges communes, pour les magasins contenant l'approvisionnement et dont il n'aurait pu résilier les baux;

c) Les frais de l'assurance contractée dans les conditions de l'article 19 du présent cahier des charges communes contre l'incendie, la foudre et le recours des voisins à une compagnie dont l'entrepreneur doit soumettre le choix au directeur de l'intendance; les réparations locatives et les dépenses de menu entretien, notamment le blanchiment des murs intérieurs des magasins;

d) Le montant des travaux nécessaires pour la remise en état ou la reconstruction des bâtiments ou locaux appartenant à l'Etat, avariés ou détruits par l'incendie.

La dépense à mettre à la charge de l'entrepreneur est déterminée, à la suite d'expertise, en prenant pour base la dépense totale à faire pour la remise en état ou la reconstruction des bâtiments incendiés et en déduisant du total ainsi obtenu une somme représentant, pour lesdits bâtiments, la différence du neuf au vieux.

L'estimation de la dépense totale de remise en état ou de réfection des bâtiments incendiés est faite en prenant pour base les prix du marché des travaux du service du génie en vigueur dans la place à l'époque du sinistre.

Sont à la charge de l'Etat :

Les dégradations provenant, dans les bâtiments dont il est

propriétaire, de la vétusté ou des vices de construction. mais à la condition que ceux-ci soient constatés régulièrement;

§ 3. — *Surveillance exercée par l'administration.*

La police des bâtiments concédés est faite par le sous-intendant militaire et par le chef du génie, qui reconnaissent de concert, soit sur la demande de l'entrepreneur, soit dans l'exercice régulier de leur surveillance, la nécessité des travaux de réparation et la constate dans un procès-verbal où la charge de la dépense est imputée à qui il appartient.

Que l'entrepreneur soit propriétaire ou seulement locataire des bâtiments, etc..., affectés au service, un contrat d'affectation (1) est passé pour garantir à l'administration son droit de police et de surveillance sur tous les mouvements de denrées dans ces magasins.

§ 4. — *Exécution des travaux de reconstruction, de réparation et d'entretien.*

Tous les travaux de reconstruction, de réparation ou d'entretien des bâtiments appartenant à l'État sont exécutés par les soins du génie. L'entrepreneur peut, toutefois, sur sa demande, être autorisé à effectuer directement, mais sous la surveillance du génie, et après acceptation des matériaux à employer :

a) Les réparations locatives et travaux de menu entretien qui lui incombent;

b) A la suite d'un sinistre, les travaux de remise en état ou de reconstruction des bâtiments et locaux avariés ou détruits.

Toute modification dans l'état des lieux est préalablement approuvée par le Ministre. L'entrepreneur provoque, en temps utile, sous sa responsabilité, l'exécution de toute réparation nécessaire.

Si les bâtiments sont loués par l'Etat, les démarches et les poursuites à faire, tant contre les propriétaires que contre l'entrepreneur sortant, pour obtenir les réparations des locaux, incombent à l'administration. Si les bâtiments appartiennent à l'Etat, l'entrepreneur n'est mis en possession, jusqu'à ce que les réparations soient terminées, que de la partie qui peut être employée utilement.

---

(1) Voir le modèle de contrat d'affectation à l'annexe n° 3.

§ 5. — *Imputations de diverses dépenses.*

La dépense des travaux exécutés à la charge de l'entrepreneur, constatée ainsi qu'il est prescrit au règlement du 3 mars 1899, sur le service du casernement et, en outre, en cas d'incendie, en se conformant aux prescriptions du paragraphe 2 ci-dessus, est imputée, par voie de précompte, sur le premier mandat de payement délivré à son profit, et versée au Trésor. Elle est remboursée à l'entrepreneur des travaux du génie de la place par mandat direct du sous-intendant militaire, sur la production d'un mémoire en double expédition, dont une timbrée, certifiée par le chef du génie.

§ 6. — *Remplacement, par l'administration, des bâtiments de l'Etat retirés à l'entrepreneur.*

Si les bâtiments de l'Etat mis à la disposition de l'entrepreneur lui sont retirés pendant le cours de son marché, l'administration lui fournit d'autres locaux, ou supporte les frais de location de ceux qu'il y a nécessité de prendre à loyer.

Toutefois, le remplacement est limité aux besoins du **service.** Si même les bâtiments retirés sont d'une capacité inférieure à ses besoins, l'entrepreneur ne peut prétendre qu'à la remise d'un local de la même contenance.

Quoi qu'il en soit, l'administration tient compte à l'entrepreneur de la partie de la prime d'assurance que celui-ci a payée pour les bâtiments qui lui sont repris.

Sont aussi à la charge de l'administration, dans le cas prévu par le présent paragraphe, les frais d'évacuation des magasins retirés. L'indemnité accordée à l'entrepreneur, si cette évacuation est laissée à ses soins et à son consentement, est calculée sur l'importance des denrées évacuées, dans la limite de l'approvisionnement, au prix de camionnage pratiqué dans le commerce local. Ce prix de base ne peut être supérieur à celui du marché qui existerait pour les transports intérieurs de la garnison et auquel l'administration aurait le droit de recourir; les frais d'assurance des nouveaux magasins remis restent au compte de l'entrepreneur.

§ 7. — *Reprise en fin de jouissance. — Dégradations.*

A l'expiration du traité, la reprise des bâtiments a lieu d'après les mêmes formalités que la remise. Les dégradations, constatées d'après l'état descriptif des locaux, sont réparées et imputées selon les règles ci-dessus.

SECTION II

MOBILIER.

§ 8. — *Inventaire du mobilier.*

Le mobilier d'exploitation du service, appartenant à l'Etat, remis à l'entrepreneur, est repris par lui d'après un inventaire estimatif de la valeur de chacun des objets prêtés dressé par les entrepreneurs assistés, s'ils le désirent, de deux experts, nommés, l'un par l'entrepreneur entrant, et l'autre par l'entrepreneur sortant; si le service était antérieurement en gestion directe, le comptable dressera l'inventaire de concert avec l'entrepreneur entrant, ou, le cas échéant, nommera un des experts.

En cas de partage, un tiers expert est désigné par le sous-intendant militaire, si les deux experts ne s'accordent pas pour le désigner.

Cet inventaire rappelle le nombre et la valeur des objets au moment de la remise; il fait ressortir les différences en plus ou en moins, et indique, s'il y a lieu, soit la moins-value à supporter par l'entrepreneur, soit la plus-value à lui rembourser.

§ 9. — *Responsabilité de l'entrepreneur.*

L'entrepreneur est responsable de la valeur du mobilier de l'Etat qui lui est prêté; il doit l'entretenir et le remplacer au besoin, pendant la durée de son marché, par des objets réunissant toutes les conditions voulues pour l'usage auquel ils sont destinés.

Tout objet reconnu, après expertise, à réparer ou hors de service, est réparé ou remplacé dans un délai fixé par le sous-intendant. Après ce délai, il est procédé, d'office, à la mise en état ou au remplacement et la dépense est imputée sur là première facture de l'entrepreneur.

L'entrepreneur est responsable du bon état d'entretien du matériel de réserve qui lui est confié en dépôt. Dans le cas où des dégradations résultant d'un défaut de soin de sa part seraient reconnues, il serait procédé d'office à la mise en état de ce matériel et la dépense serait imputée sur la première facture de l'entrepreneur.

L'entrepreneur ne pourra faire emploi du matériel de réserve que sur autorisation spéciale du directeur de l'intendance.

§ 10. — *Remise du mobilier. — Dégradations.*

La remise du mobilier a lieu d'après les mêmes formalités que la reprise, et les déficits et dégradations que fait reconnaître l'inventaire sont imputés à l'entrepreneur, ainsi qu'il est prescrit pour la remise des bâtiments.

L'entrepreneur bénéficie, pour les objets remplacés, de la plus-value existant entre les objets anciens et les nouveaux. Cette plus-value est constatée au procès-verbal d'inventaire.

ANNEXE N° 3.

Modèle de contrat d'affectation.

L'an mil neuf cent   , et le
nous
Intendant militaire à la résidence d
assisté de M.   du génie.

Vu l'article 9 du cahier des charges communes du 15 juin 1926
pour la fourniture des fourrages à la ration;

Vu les titres qui assurent à M.   , entrepreneur,
la jouissance des bâtiments qu'il désire affecter à l'exploitation
dudit service dans la place d

Avons invité à se rendre auprès de nous M.
entrepreneur du service (ou bien : préposé ou fondé de pouvoir
de l'entrepreneur), avec lequel nous avons reconnu que ces bâtiments, convenablement situés et disposés, se composent comme
il suit :

1° (1)

2°

M.   a déclaré ensuite affecter gratuitement
les bâtiments susdésignés au service des fourrages entrepris par
lui, et reconnaître à l'administration le droit de police et de surveillance qu'elle s'est réservé aux termes du cahier des charges
communes, le tout pendant la durée du marché, ainsi que pendant le mois qui suivra le terme d'expiration du marché, avec
la faculté de déléguer ce droit de jouissance à chaque entrepreneur entrant successivement pendant ce délai d'un mois.

Fait double à   , les jour, mois et an que dessus.

(Les trois signatures.)

---

(1) Indiquer, pour chaque local, son affectation normale, sa surface
maximum utilisable, la résistance des planchers et la contenance maximum.

ANNEXE N° 4.

Prescriptions concernant les fournitures remboursables par les parties prenantes.

§ 1ᵉʳ. — Mode de remboursement.

A. — *Intérieur.*

La valeur des denrées appartenant à l'Etat, distribuées à titre remboursable, est payée dans les conditions suivantes :

a) A la fin de chaque quinzaine par les corps ou détachements en station.

b) Immédiatement par les parties prenantes isolées ainsi que par les corps ou détachements de passage.

La valeur des distributions de fourrages faites à titre remboursable par les entrepreneurs, de denrées qui leur appartiennent, doit être versée entre leurs mains par les parties prenantes.

B. — *Algérie-Tunisie.*

Les denrées appartenant à l'Etat distribuées à titre remboursable sont délivrées aux parties prenantes contre versement immédiat de leur valeur entre les mains de l'entrepreneur.

Toutefois, les denrées distribuées aux corps de troupe ou détachements ou cédées à d'autres services ne donnent pas lieu à payement immédiat.

Les détachements de passage ou éloignés du point où a lieu l'ordonnancement de la solde remboursent immédiatement entre les mains des distributeurs de valeur des distributions remboursables.

§ 2. — Prix de remboursement.

Les prix de remboursement des denrées appartenant à l'Etat sont indiqués par le tarif de remboursement.

Les prix des denrées appartenant à l'entrepreneur sont ceux du marché conclu avec l'administration de la guerre.

§ 3. — Etablissement des bons.

Les quantités portées sur les bons partiels ne devront pas comprendre de fractions inférieures à l'hectogramme pour le sel, le sucre et le café et au kilogramme pour les autres denrées.

A. — *Intérieur.*

a) Les corps ou détachements de passage doivent décompter leurs bons journaliers.

b) Les officiers sans troupe et assimilés établissent aux dates fixées par le commandement leurs bons décomptés.

c) Les corps et détachements en station ne décomptent leurs perceptions que dans un bon récapitulatif de quinzaine, modèle n° 73 M, annexé à l'instruction provisoire *b* sur l'utilisation des comptes courants postaux par les comptables des établissements du service de l'intendance. Ce bon est remis à l'entrepreneur le dernier jour de la quinzaine, en même temps que le dernier bon journalier. Il est vérifié d'urgence par l'entrepreneur qui en demande aussitôt rectification, s'il y a lieu.

Les 16 et 1er de chaque mois, le trésorier ou le commandant du détachement en station fait parvenir à l'entrepreneur un chèque de virement établi au profit du compte courant de la gestion dont relève l'entrepreneur et égal au montant du bon récapitulatif. En échange de ce chèque, l'entrepreneur délivre un reçu extrait du registre à souches, modèle 76, portant la valeur des denrées et mentionnant le numéro, la date et le montant du chèque de virement émis au titre de la gestion.

S'il s'agit d'un corps ou détachement de passage, le chèque de virement est remis à l'entrepreneur aussitôt après la distribution contre reçu détaché du registre à souches.

Dans tous les cas où le payement est effectué par chèque de virement, mention est faite sur la souche du registre, modèle n° 76, du montant et de la date du chèque de virement reçu en payement.

L'entrepreneur transmet dans les vingt-quatre heures les chèques qui lui sont remis au gestionnaire dont il relève et qui doit lui adresser en échange un reçu détaché du registre à souches. Au verso de ce reçu sont mentionnés les numéros, date et montant de chacun des chèques de virement dont le montant totalisé représente la somme dont il est donné quittance.

Les isolés et les petits détachements de passage non titulaires de comptes courants postaux payent en numéraire entre les mains de l'entrepreneur, qui délivre en échange un reçu extrait du carnet à souches, le montant des denrées perçues.

A la fin de chaque quinzaine ou plus souvent, si les sommes

sont importantes (cette importance étant déterminée par le sous-intendant militaire) l'entrepreneur verse le montant de ces perceptions par mandat de versement au compte courant postal de la gestion qui en délivre reçu comme il est dit ci-dessus.

L'entrepreneur est remboursé sur ses factures trimestrielles de fournitures à la ration des avances qu'il a faites pour l'envoi, par mandat de versement du montant des denrées distribuées a titre remboursable et payées en numéraire.

B. — *Algérie-Tunisie.*

Les bons partiels sont établis sur la formule modèle n° 281 *bis* (modifiée) de la nomenclature portant décompte des fournitures à l'exception de ceux à produire par les corps de troupe ou détachements qui ne sont décomptés qu'aux dates indiquées ci-après.

a) *Corps de troupe.* — Le dernier bon établi pour les corps de troupe au titre de chaque quinzaine est complété, au *verso*, par la récapitulation des bons de la quinzaine. La valeur des quantités totales distribuées est décomptée.

Après réception et vérification de ce bon, l'officier d'administration gestionnaire ou l'entrepreneur établit, au titre du corps, un état modèle 72 (volume 91 *bis*) sur lequel il reporte le montant du décompte indiqué au *verso* du bon. Cet état reçoit la destination prévue à l'article 343 de l'instruction du 18 octobre 1909 et doit parvenir au sous-intendant chargé du mandatement de la solde au plus tard dans les huit jours qui suivent l'expiration de la quinzaine qu'il concerne.

Les perceptions faites au titre de la dernière quinzaine de chaque trimestre ne donnent lieu ni à récapitulation sur le dernier bon de la période ni à l'établissement d'état modèle 72; elles sont évaluées approximativement en prenant pour base les perceptions faites pendant la quinzaine précédente et en multipliant le 1/15° du décompte de ces distributions par le nombre de jours que comporte la dernière quinzaine de trimestre.

Il est entendu que les sommes à imputer dans les revues de liquidation doivent être celles qui figurent sur le bon récapitulatif trimestriel modèle 73, comportant la totalité des distributions du trimestre.

Ces bons récapitulatifs trimestriels modèle 73 servent à établir le bordereau particulier de l'entrepreneur (modèle 77, volume 91 *bis*, page 224) auquel ils sont joints.

Si un corps ou un détachement quitte la garnison avant la fin de la quinzaine, le dernier bon touché est établi ou complété comme s'il était le dernier de la quinzaine. En cas de départ inopiné, la récapitulation et le décompte sont établis par l'entrepreneur et signés d'office par le sous-intendant militaire.

b) *Parties prenantes isolées.* — Les officiers sans troupe et assimilés établissent leurs bons aux dates fixées par le commandement.

§ 4. — Régularisation des perceptions.

A. — *Intérieur.*

Aussitôt après la dernière distribution de la quinzaine, l'entrepreneur récapitule sur un bordereau particulier modèle n° 77 les distributions faites d'après les bons modèle n° 71 décomptés (pour les isolés et les détachements de passage non titulaires de comptes courants postaux) et les bons modèle n° 73 M décomptés (pour les corps et détachements en station).

Ces bordereaux sont établis en deux expéditions, l'une détaillée, l'autre sommaire.

Sur l'expédition détaillée (cadre intérieur), l'entrepreneur reporte par partie prenante, totalise et décompte les quantités distribuées d'après les bons modèle 71 ou 73 M.

Sur l'expédition sommaire, l'entrepreneur ne reporte que les totaux et les décomptes.

Sur chaque expédition, l'entrepreneur mentionne la référence et le montant des mandats de versements qu'il a adressés et des chèques de virement qu'il a transmis au gestionnaire.

Les deux expéditions sont transmises le 2 et le 17 de chaque mois au plus tard au sous-intendant militaire local qui les vérifie. fait procéder s'il y a lieu à leur rectification, certifie les deux expéditions et :

1° Transmet l'expédition détaillée au gestionnaire duquel relève l'entreprise.

2° Renvoie l'expédition sommaire à l'entrepreneur qui la complète en y collant les reçus de mandats de versement ou de chèques de virement dès qu'ils lui sont parvenus de la gestion. Cette expédition sommaire sert ultérieurement à l'entrepreneur à justifier les demandes mensuelles d'acomptes et sa facture pour payement des fournitures faites par lui.

3° Frappe du timbre d'annulation et classe dans ses archives les bons modèles n°s 71 et 73 M où ils sont conservés jusqu'à l'établissement de l'état de liquidation qui comprendra la facture correspondante de l'entrepreneur.

B. — *Algérie-Tunisie.*

Le bon produit pour la deuxième quinzaine du dernier mois du trimestre est établi d'après la formule n° 355 B de la nomenclature. Il porte au *verso* les totaux des quantités et denrées perçues pendant les deux premiers mois et le relevé des bons du troisième. La valeur des quantités totales distribuées est décomptée et le bon tient lieu de bon total trimestriel. Il sert à établir le bordereau particulier de l'entrepreneur.

Le 15 du deuxième mois de chaque trimestre au plus tard, l'entrepreneur remet au sous-intendant militaire le bordereau n° 294, en double expédition, avec sa facture. Ce bordereau est divisé en deux parties; à la première partie sont enregistrés les bons récapitulatifs décomptés remis par les corps; à la deuxième partie, sont inscrits et totalisés les bons décomptés fournis par les parties prenantes isolées. Tous les bons sont joints au bordereau.

§ 5. — Dispositions spéciales à l'Algérie et à la Tunisie.

a) *Versement au Trésor de la valeur des fournitures remboursables.*

Du 5 au 10 de chaque mois, les entrepreneurs adressent à l'officier d'administration gestionnaire, dont ils relèvent, le montant des denrées ou du matériel de l'Etat qu'ils ont distribués ou cédés à titre remboursable, pendant le mois précédent, et dont la valeur a été versée entre leurs mains.

S'il existe dans la place un trésorier payeur général ou un receveur des finances, le montant visé ci-dessus est versé au Trésor par les entrepreneurs qui adressent au gestionnaire une déclaration de versement. Ils reçoivent, en échange, dans les deux cas, un reçu détaché du carnet à souches.

Les entrepreneurs seront remboursés, sur leurs factures trimestrielles de fournitures à la ration, des avances qu'ils auront faites pour l'envoi, au comptable, du montant des vivres remboursables distribués par eux, ainsi que du matériel de l'Etat cédé à titre onéreux.

b) *Etablissement des bordereaux particuliers.*

La récapitulation faite au *verso* du dernier bon partiel de chaque trimestre permet de supprimer le bon total; c'est à l'aide de cette récapitulation qu'est établi le bordereau particulier n° 294 de la nomenclature.

FORMAT DU PAPIER :

Hauteur......... 380 ᵐ/ₘ
Largeur......... 245 ᵐ/ₘ

JUSTIFICATION :

Hauteur......... 310 ᵐ/ₘ
Largeur .... 230 ᵐ/ₘ

ᵉ CORPS D'ARMÉE

—

PLACE d

SERVICE
DES FOURRAGES.

ANNEXE Nº 5.

M.   , entrepreneur.

REGISTRE

DES ENTRÉES ET DES SORTIES DE DENRÉES DES MAGASINS DE L'ENTREPRENEUR.

Le présent registre, contenant   .   feuillets, celui-ci compris, a été coté et paraphé par nous, Sous-Intendant militaire, pour servir à l'inscription des entrées et des sorties de denrées des magasins de l'entrepreneur.

.A   , le   19 .

Nota. — Le présent registre doit être tenu par jour et sans lacune (article 21 du cahier des charges communes).

Tous les inventaires faits dans les magasins de l'entrepreneur doivent être mentionnés au présent registre. Réserver, en tête du registre, une page blanche pour recevoir les mentions successives des recensements opérés dans les magasins de l'entreprise, comme dans les comptes de gestion.

Coller à l'intérieur de la couverture du registre :

1° Un état indiquant distinctement les quantités à entretenir par l'entrepreneur au titre de la réserve et du service courant: cet état devra être modifié au fur et à mesure des changements apportés aux approvisionnements à entretenir (Instruction sur le Service des Subsistances militaires, B. O., É. M., vol. 91).

2° Un état donnant l'indication sommaire des locaux et terrains prêtés par l'Etat à l'entrepreneur ;

3° Un état mentionnant en détail :

a) Le petit matériel d'exploitation ;
b) Le matériel contre l'incendie que l'entrepreneur doit entretenir.

ENTRÉES.

DATES des ENTRÉES	LIBELLÉ DES OPÉRATIONS.	FOIN		PAILLE		AVOINE	ORGE.
		ordinaire.	pressé	ordinaire.	pressée.		
1er novembre.	Reçu de l'entrepreneur sortant						
2 Id.	Reçu de X....................						
4 Id.	Reçu de X....................						
7 Id	Reçu de l'officier gestionnaire						
8 Id.	Reçu de M.						
10 Id.	Reçu de M						

SORTIES.

DATES de SORTIES.	LIBELLÉ DES OPÉRATIONS.	FOIN		PAILLE		AVOINE	ORGE.	ANNÉE de LA RÉCOLTE.		
		ordinaire.	pressé.	ordinaire.	pressée.			Foin.	Paille.	Avoine ou orge.
4 novembre	Distribué au e régiment.									
Id......	Distribué aux officiers sans troupe...........									
Id......	Distribué à la brigade de gendarmerie d.........									
Id......	Distribué à titre remboursable à...............									
10 Id......	Déchets de manutention et de criblage.........									

INVENTAIRE

DES OBJETS APPARTENANT A L'ÉTAT ET MIS A LA DISPOSITION DE L'ENTREPRENEUR

REGISTRE DE VISITE

DES

DENRÉES MISES EN DISTRIBUTION

-INSTRUCTION POUR LA TENUE DU REGISTRE.

(1) Le registre est coté et paraphé par le sous-intendant militaire chargé de la surveillance du service. Il est conservé par l'entrepreneur, visé le premier de chaque mois par le sous-intendant militaire et présenté à toute réquisition des officiers aux distributions, des commandants d'armes, des généraux et des fonctionnaires du contrôle ou des délégués du Ministre.

(2) Il est destiné à l'enregistrement de toutes les constatations que peuvent avoir à faire les officiers de service aux distributions, que ces constatations résultent des prescriptions réglementaires ou soient dues à des causes fortuites.

(3) On se conforme, pour les inscriptions à faire dans les diverses colonnes, aux indications ci-après :

Col. 5. — Tout avis comportant critique (mauvais, médiocre, passable, assez bon) doit être motivé. L'officier qui déclare les denrées mauvaises ou médiocres doit les refuser et faire prévenir aussitôt le chef de corps, le commandant d'armes et le sous-intendant militaire.

Col. 6. — Inscrire seulement la mention S. O. dans cette colonne s'il n'y a pas d'observation à formuler. Dans le cas contraire, détailler ces observations dans la colonne 17.

Col. 7. — Le poids à l'hectolitre est déterminé au moyen de la trémie conique dont la tare doit toujours être vérifiée.

Col. 10. — La tare inscrite sur les voitures ne doit jamais être considérée que comme une indication. Elle doit toujours être vérifiée.

Col. 13. — Le calcul du poids moyen des bottes n'est nécessaire que si la pesée ne doit pas être faite sur voiture au moyen du pont-bascule. Ce poids moyen se détermine en pesant un certain nombre de bottes choisies au hasard (de 10 à 50, suivant l'importance de la distribution). Le nombre des bottes pesées et leur poids total sera indiqué dans la colonne 17. En cas de contestation sur le poids moyen à adopter, il doit être procédé au pesage intégral. A défaut de bascule, les fourrages pressés seront toujours pesés balle par balle, sans tenir compte des renseignements fournis par les étiquettes.

Col. 17. — On mentionnera dans cette colonne toutes les constatations qui auraient pu être faites au cours de la distribution et qui n'auraient pu trouver place dans les précédentes.

NOTA. — Un exemplaire de l'instruction spéciale pour le capitaine aux distribution (instruction du 30 septembre 1910, modifiée le 29 juillet 1925) doit être placé en tête du présent registre.

DATES des DISTRIBUTIONS	DÉSIGNATION des PARTIES PRENANTES	DENRÉES À PERCEVOIR — Nature	Quantités	APPRÉCIATION de l'officier de distribution sur la qualité des denrées (1)	RÉSULTATS de la vérification des appareils de pesage et de mesurage (1)	POIDS à l'hectolitre pour l'avoine et l'orge (1)	ENREGISTREMENT DES PESÉES AU PONT-BASCULE — Numéros des voitures	Poids brut	Tare (1)	Poids net	TOTAL par denrée	POIDS moyen du sac d'avoine ou des bottes de paille ou de foin (1)	NOMBRE de sacs ou de bottes à distribuer	SIGNATURE de l'officier de distribution	DÉCISION de la Commission des distributions en cas de refus de l'officier de distribution	OBSERVATIONS
1	2	3	4	5	6	7	8	9	10	11	12	13	14	15	16	17
			quint.			kil. gr.		quint.	quint.	quint.	quint	kil. gr.				
13 janv. 1911.	1er rég. de cuirassiers (3e escadron).	Foin....	25,00	Bon.....	»	»	Fourragères { n° 1	24,50	12,50	12,00	} 25,00	»				(1) Voir les instructions en tête du registre.
							n° 2	25,50	12,80	13,00		»	»			
		Paille...	30,00	Bonne..	S. O.	»	Fourragères { n° 3	26,00	12,70	13,30	} 30,00	»	»			
							n° 4	29,80	13,10	16,70		»	»			
		Avoine..	38,25	Bonne..	»	47,6	»	»	»	»	»	50,00	76 sacs (1 sac appoint de 25 kil).			
20 janv. 1911.	26e rég. d'infanterie..	Foin....	2,00	Bon.....	»	»	»	»		»	»	5,10	39 bottes 1/2			
		Paille...	3,00	Bonne..	S. O.	»	»	»	»	»	»	6,00	50 bottes			
		Avoine .	3,10	Bonne..	»	47,6	»	»	»	»	»	50,00	6 sacs (1 sac appoint de 10 kil.)			

● CORPS D'ARMÉE

—

PLACE d

SERVICE
DES FOURRAGES.

ANNEXE N° 6.

FORMAT DU PAPIER :

Hauteur......... 380 ᵐ⁄ₘ
Largeur .... 245 ᵐ⁄ₘ

JUSTIFICATION :

Hauteur......... 310 ᵐ⁄ₘ
Largeur .... 230 ᵐ⁄ₘ

M.   , entrepreneur.

REGISTRE
DES OBSERVATIONS CRITIQUES.

Le présent registre, contenant   . feuillets, celui-ci compris, a été coté
et paraphé par nous, Sous-Intendant militaire, pour servir à l'inscription
des observations critiques auxquelles aurait donné lieu la qualité des denrées mises en distribution.

A   , le   19

Noᴛᴀ. — L'entrepreneur, ou son préposé, est tenu de transcrire, sur ce registre, les observations critiques formulées par MM. les officiers de visite sur le registre de visite, et de
transmettre le présent registre au sous-intendant militaire dans les vingt-quatre heures qui
suivent la distribution ayant donné lieu à des critiques.
Lorsque l'entrepreneur ne se conforme pas aux prescriptions de l'article 16 concernant la
tenue et la transmission au sous-intendant militaire du présent registre, il subit l'imputation
prévue à l'article 11.

DATE DE LA DISTRIBUTION qui a donné lieu à des critiques.	NOM, GRADE ET CORPS DE TROUPE de l'officier qui a formulé les critiques.	NATURE des DENRÉES CRITIQUÉES.

TRANSCRIPTION des CRITIQUES FORMULÉES.	OBSERVATIONS. INSTRUCTIONS ET DÉCISIONS du sous-intendant militaire.

ANNEXE N° 7.

Instruction relative à la composition et au fonctionnement des commissions de distributions de garnison.

Art. 1er. — Les contestations qui peuvent s'élever entre les parties prenantes, d'une part, et les services distributeurs, d'autre part, à l'occasion des distributions de denrées autres que celles de l'ordinaire, destinées à l'alimentation des hommes et des chevaux, sont réglées, dans chaque place, par la commission des distributions de la garnison, prévue par le règlement sur le service intérieur des corps de troupe.

Art. 2. La commission des distributions de la garnison est composée ainsi qu'il suit :

Président.

Le commandant d'armes ou le major de la garnison.

Membres.

Un officier supérieur (1)............
Deux capitaines. . . .. ⎫ désignés par le com-
Un médecin ou un vétérinaire mili-⎬ mandant d'armes;
taire, suivant les ressources de la ⎭
garnison et la nature des denrées à
examiner. . . ..

Deux notables idoines choisis, l'un par le président de la commission, l'autre par l'officier d'administration gestionnaire du service ou l'entrepreneur, sur une liste dressée à l'avance par l'autorité municipale.

Le sous-intendant militaire chargé du service des subsis-

---

(1) L'officier qui a été chargé de recevoir les denrées ne doit pas faire partie de la commission. Dans le même ordre d'idées, cette commission ne doit comprendre aucun officier appartenant au corps qui a formulé le refus, si les ressources de la garnison permettent de la constituer en dehors de ce corps, ce dont le commandant d'armes reste seul juge.

tances, ou son suppléant, assiste aux séances de la commission, laquelle ne peut délibérer ou prendre de décisions hors de sa présence. Il est toujours entendu dans les observations qu'il formule, tant sur le fond même du litige qu'au point de vue de l'application du cahier des charges et des dispositions légales et réglementaires; il doit consigner ses observations au procès-verbal de la séance.

Art. 3. Lorsque les ressources en officiers ne permettent pas de réaliser la composition de la commission indiquée à l'article 2, on se rapproche, dans la mesure du possible, de cette composition en se conformant aux indications suivantes :

La commission est présidée par l'officier le plus ancien dans le grade le plus élevé présent dans la localité.

L'officier supérieur et les deux capitaines sont remplacés par les deux officiers, sous-officiers, caporaux ou soldats qui marchent hiérarchiquement après le président.

Il est passé outre, le cas échéant, au défaut de médecin ou vétérinaire militaire.

Les deux notables idoines sont désignés ainsi qu'il est dit à l'article 2.

Dans le cas où le maire est suppléant du sous-intendant militaire, il est convoqué à ce titre.

Exceptionnellement, sur les points où il est impossible de faire appel à l'élément civil, les commissions sont constituées exclusivement avec l'élément militaire.

Art. 4. La commission est convoquée par son président.

Après avoir entendu, d'une part, l'officier qui a refusé les denrées et, d'autre part, l'officier d'administration gestionnaire ou l'entrepreneur, suivant le cas, elle prononce l'acceptation ou le refus des denrées. En cas de refus, elle prescrit, s'il y a lieu, les manutentions à faire subir aux denrées pour les rendre acceptables.

Elle peut proposer le rejet définitif des denrées, leur expulsion des magasins et leur destruction complète par enfouissement, jet à l'eau ou incinération, dans le cas où ces denrées auraient été reconnues nuisibles à la santé des hommes ou des chevaux. Le général commandant le corps d'armée statue sur ces propositions après avis exprimé par le directeur de l'intendance. Il leur donne les mesures d'exécution nécessaires et rend compte au Ministre de la guerre (1).

La commission prononce à la majorité des voix; en cas de partage, la voix du président est prépondérante. Il est passé outre à l'absence d'un ou deux membres, pourvu qu'ils aient été régulièrement convoqués.

Art. 5. Les décisions prononcées par la commission et la suite qui leur a été donnée sont constatées par procès-verbaux dressés en une seule expédition. Ces procès-verbaux, établis par le sous-intendant ou son suppléant et mentionnant, s'il y a lieu, les observations motivées de ce fonctionnaire, sont signés par tous les membres présents ainsi que par le sous-intendant militaire ou son suppléant. L'original reste aux archives du sous-intendant militaire ou de son suppléant; une copie est envoyée au directeur du service de l'intendance; une seconde au corps intéressé, une troisième au commandant d'armes, qui la transmet, par voie hiérarchique, au général commandant le corps d'armée.

(1) Pour les denrées de l'entreprise, les mesures d'exécution prescrites doivent être en accord avec les dispositions des cahiers des charges communes régissant les marchés de fourniture qui se rapportent aux denrées présentées en distribution.

ANNEXE N° 8.

Instruction relative aux prélèvements d'échantillons de denrées.

§ A. — Dispositions communes a tous les prélèvements d'échantillons.

Toutes les fois qu'il y a lieu de constituer des échantillons de denrées destinés à permettre, après leur examen, de formuler un jugement sur l'ensemble qu'ils représentent, on doit prendre toutes les précautions voulues pour que chaque échantillon ait bien la valeur moyenne de la partie ou de la totalité du lot à laquelle il se rapporte.

Si, outre le premier échantillon, il est nécessaire d'en constituer d'autres, soit pour des contre-expertises, soit comme témoins, etc., on doit les prélever tous simultanément et prendre les précautions voulues pour que tous soient aussi identiques que possible les uns aux autres.

Par exemple, pour des lots de farine, de blé ou d'avoine, il convient, pour effectuer le prélèvement, de toujours réunir une quantité de denrée suffisante, puisée dans différents sacs pris au hasard, pour pouvoir après mélange constituer et mettre en même temps sous scellés des échantillons bien identiques (les étiquettes prévues au paragraphe E ci-après portant naturellement les trois mêmes chiffres ou lettres de référence pour les divers échantillons identiques).

Les échantillons sont du poids net ci-après :

Pain (un pain entier),.................... 1 kgr. 200

Blé, farine, riz, haricots, sel, sucre, café,
    avoine, orge, farine d'orge. .... 2 kgr. 500

Foin, paille, produits de substitution des
    denrées fourragères. .... 4 kgr. 500

Pour les fourrages pressés, l'échantillon est constitué soit par une balle entière, soit par des fractions de balles réunies dans un sac de forte toile ou dans une caissette.

§ B. — Dispositions spéciales a certains prélèvements
d'échantillons.

1° Echantillons soumis au Ministre soit en cas de recours, soit pour examens spéciaux à faire à l'Inspection générale des subsistances.

Pour tout envoi d'échantillons au Ministre (cas de recours ou sur ordre spécial) on doit se conformer aux dispositions ci-après :

Chacun des échantillons est, mis séparément sous scellés et muni d'une étiquette particulière du modèle figurant au paragraphe E ci-après. Cette étiquette est signée, d'une part, par le sous-intendant (ou son suppléant) et, d'autre part, par le fournisseur ou son représentant.

Il est en même temps établi, et spécialement pour chacun des échantillons, un bulletin particulier conforme au modèle donné au paragraphe F ci-après :

Les trois lettres ou chiffres de référence à inscrire sur l'étiquette et à reproduire sur le bulletin permettront de différencier d'une façon sûre les échantillons envoyés simultanément ou successivement d'une même place et de retrouver, sans erreur possible, les bulletins qui les concernent. L'établissement du bulletin précité dispense de tout envoi à l'Inspection générale des subsistances d'expéditions du procès-verbal de prélèvement des échantillons.

Le ou les bulletins sont placés dans un seul et même pli, sans lettre d'envoi ni bordereau, et adressés par la poste (sans qu'il y ait lieu à chargement) à M. l'Inspecteur général des subsistances, 6, boulevard des Invalides, Paris (7ᵉ), le jour même où l'envoi a été confié au transporteur (1).

L'envoi des bulletins doit toujours donner lieu à une lettre séparée, même si les échantillons sont confiés à la poste et en aucun cas le bulletin d'avis ne doit être placé dans le même paquet que l'échantillon; ce paquet n'est en effet destiné à être ouvert qu'en séance d'expertise.

Si un ou plusieurs scellés sont placés pour l'expédition dans

---

(1) Lorsque le prélèvement est effectué par un suppléant, celui-ci prépare le ou les bulletins, les signe, mais il les adresse au sous-intendant dont il relève, lequel assure d'urgence la transmission après les avoir visés et dûment complétés par les renseignements qui n'ont pas lieu d'être pris sur place.

un emballage, les cinq premières indications de la ou des étiquettes doivent être reproduites à l'extérieur du paquet.

Ce paquet est expédié à l'adresse plus haut indiquée, soit par
la poste, comme échantillon recommandé, soit par colis postal,
soit par grande vitesse, suivant le cas.

Il doit parvenir franco et à domicile (en suspension, d'ailleurs,
des droits d'octroi pour les denrées qui y sont soumises).

2° Echantillons soumis aux commissions d'appel.

Dans tous les cas où il y a lieu à prélèvement d'échantillons
par suite d'appel, on se conforme d'une manière générale aux
dispositions susindiquées.

Il est toujours constitué simultanément au moins deux échantillons : l'un est mis à la disposition de la Commission d'appel;
l'autre peut, en cas de recours au Ministre, servir à l'envoi prévu
ci-dessus.

Les échantillons identiques reçoivent des étiquettes identiques
du modèle prévu au paragraphe E ci-après.

§ C. — Procès-verbaux des prélèvements.

D'une manière générale, les prélèvements d'échantillons ont
toujours lieu en présence du fournisseur ou entrepreneur (ou de
son représentant dûment convoqué) et, dans les cas litigieux, il
doit toujours être dressé procès-verbal de l'opération par l'autorité qui y a procédé.

Le procès-verbal indique explicitement les précautions prises
en application du paragraphe A pour constituer les échantillons,
de telle manière qu'aucune contestation ne puisse ultérieurement
s'élever au sujet de leur valeur. Ce document mentionne, en outre, quand il y a lieu, les dispositions prises pour mettre le lot
total de denrées sous scellés; il indique l'importance du lot et
donne les diverses indications utiles, notamment l'ancienneté et
la provenance d'origine. Il rappelle enfin les indications portées
sur l'étiquette prévue au paragraphe E.

Une expédition du procès-verbal est mise à la disposition de
la Commission d'appel.

En cas de recours au Ministre, une expédition du procès-verbal
de prélèvement est jointe au dossier.

§ D. — Frais divers relatifs aux prélèvements d'échantillons.

Les emballages que comportent les prélèvements sont fournis
par les établissements des subsistances ou par les entrepreneurs.

Les frais d'envoi sont avancés par l'officier gestionnaire ou par l'entrepreneur.

Le payement de la valeur des échantillons, les frais d'emballage et d'envoi sont supportés :

1° Dans le cas de recours, par la partie qui est condamnée;

2° Par l'Etat dans les cas d'examens spéciaux à faire, en dehors de tout litige, par l'inspection générale des subsistances.

§ E. — MODÈLE DE L'ÉTIQUETTE A METTRE SUR LES ÉCHANTILLONS.

Chaque échantillon reçoit une étiquette du modèle ci-après. Cette étiquette, si elle reste en dehors des emballages, doit être établie sur parchemin ou sur carton.

On peut, cependant, s'abstenir de l'usage de l'étiquette et porter les indications ci-après prévues sur le sac ou l'emballage lui-même si elles peuvent y être nettement inscrites et rester très lisibles.

14e CORPS D'ARMÉE

(1) Fournisseur ou représentant.
(2) Sous-intendant militaire ou suppléant de sous intendant.

SERVICE DES FOURRAGES.

Localité où a lieu le prélèvement................... Modane.

Indication des trois lettres ou chiffres de référence (reproduits sur le bulletin)...................... D/8/K.

Echantillon de. . . . . Avoine.

Date de prélèvement............................... 15 mars 1926.

Cachet
à la cire.

Le (2)

Le (1)

(Signature.)

(Signature.)

§ F. — Modèle du bulletin d'avis de prélèvement et d'envoi d'échantillons.

14ᵉ CORPS D'ARMÉE

Place où a été prélevé l'échantillon. — *Modane.*

Ss - intendance dont relève la place ci-dessus........ *Chambéry*

1° Numéro au registre de correspondance. 372.

SERVICE DES FOURRAGES.

Bulletin de prélèvement et avis d'envoi d'un échantillon d'avoine.

Reproduction des trois lettres ou chiffres de référence portés sur l'étiquette...................		D | 8 | K
Date de prélèvement...........................	15 *mars* 1926.	
Mode d'envoi.................................	*Colis postal à domicile*	
Description du colis envoyé...................	*Un sac en toile dans une caisse.*	
Poids de l'échantillon contenu................	2 *kilogr.* 500	
Nom de l'entrepreneur ou du fournisseur (ou porter la mention : *Gestion directe*)...........	*M. Untel.*	
Importance du lot sur lequel a été prélevé l'échantillon.................................	140 *quintaux.*	
Numéro d'ordre du lot dans le magasin (s'il y a lieu)..	»	
Date d'entrée du lot en magasin..............	10 *mars* 1926.	
Cause du prélèvement.........................	*Refusé pour mauvaise odeur. Lot accepté par la Commission d'appel.*	
S'il y a eu refus, en indiquer sommairement les motifs et mentionner enfin s'il y a eu décision d'une commission d'appel.....................		
Date des cahiers des charges applicables pour l'affaire (outre le cahier des C. C. G. du 1ᵉʳ août 1921)...................................	*C. C. C. du C. C. G. du*	

A   , le   19

(Signature.)

---

(1) Si l'on ne joint pas au présent bulletin un exemplaire des divers cahiers des charges visés ci-dessus, on doit copier sur le verso du bulletin (ou y annexer) les extraits conformes, nécessaires pour l'examen de l'affaire, de ceux desdits cahiers des charges non publiés dans le *Bulletin officiel*, ou bien l'on mentionne (avec la date) l'affaire précédente à propos de laquelle ces exemplaires ou ces extraits auraient déjà été adressés.

ANNEXE N° 9.

Carte d'identité.

CARTE D'IDENTITÉ.

SERVICE

CARTE D'IDENTITÉ.

M (nom prénoms, qualité)

Signalement
Cheveux :
Sourcils :
Yeux :
Front :
Nez :

Bouche :
Menton :
Visage :
Taille :
Marques particulières :

Signature du titulaire.

Le Sous-Intendant militaire,
(Signature et cachet.)

Le Général commandant le
(Signature et cachet.)

Les nom et prénoms du titulaire doivent être inscrits sur la photographie.

Photographie.

120ᵐᵐ

200ᵐᵐ

TABLE DES MATIÈRES

CHAPITRE PREMIER.

OBJET DE LA FOURNITURE ET REPRISE DU SERVICE.

CHAPITRE II.

EXÉCUTION DU SERVICE.

CHAPITRE III.

DISPOSITIONS DIVERSES.

CHAPITRE IV.

PAYEMENT DES FOURNITURES.

CHAPITRE V.

REMISE DU SERVICE.

CHAPITRE VI.

DISPOSITIONS SPÉCIALES AU CAS DE MOBILISATION.

CHAPITRE VII.

DISPOSITIONS GÉNÉRALES.

ANNEXES.

9 782329 037752